给教师的
100条建议

[苏] 苏霍姆林斯基 著

宫铭 程园园 译

开明出版社

图书在版编目（CIP）数据

给教师的100条建议／（苏）苏霍姆林斯基著；宫铭，程园园译． —北京：开明出版社，2022.1

ISBN 978-7-5131-6828-1

Ⅰ．①给… Ⅱ．①苏… ②宫… ③程… Ⅲ．①中小学教育—教育研究 Ⅳ．① G632.0

中国版本图书馆 CIP 数据核字（2021）第 113515 号

责任编辑：卓　玥　张慧明

给教师的100条建议

作　　者:（苏）苏霍姆林斯基 著
出　　版：开明出版社
　　　　　（北京海淀区西三环北路25号　邮编100089）
印　　刷：保定市中画美凯印刷有限公司
开　　本：710mm×1000mm　1/16
印　　张：18
字　　数：230千字
版　　次：2022年1月　第1版
印　　次：2023年4月　第5次印刷
定　　价：58.00元

印刷、装订质量问题，出版社负责调换。联系电话：（010）88817647

代　序

在帕夫雷什中学工作期间，我与年轻的新任教师们进行了数百次的会谈，本书创作的缘起就是从他们成千上万封信中所激发出来的。

我了解几十种专业的从业人员，但我深信，没有人会比教师更充满好奇心、更不满足于现状、更痴迷于创作。我永远不会忘记那个来自遥远的卡巴尔达山村的年轻女教师。她大学毕业后的第一年去教英语，遇到了很多困难。这个女孩热切地期待着迈出自己创造性劳动的第一步，憧憬着跟学生们进行心灵交流的喜悦。然而，她发觉自己并没有从事教师工作的才能，所从事的事业自己并不擅长。几封令人烦恼的信件，始终围绕着几个问题：才能到底是什么？如何确定自己的才能？如何确立、构建自己对事业的热爱？我的回复并没有使她满意，她便亲自来找我，就是为了通过面对面的谈话来弄清楚这些。这位年轻的教师说："我要去一百所学校，和成千上万的教师们见面，但我需要弄清楚，我是否有从事和孩子们打交道的工作才能。"

创造性劳动的乐趣、通过创造性的劳动来充实生活是每个有文化的高级知识分子所向往的。问题就在于如何在教育下一代人的崇高事业中展现出自己的能力，如何在这个最有趣、最复杂、最人道的工作中找到自我，这是一个值得深思的问题。这个问题在数百封信件以及对话中反复出现，不论是刚刚高中毕业的十七岁女孩，还是师范院校的毕业生，抑或是已经初次感受过成功的喜悦和失败的苦恼的教师，都想找到答案。我现在就从这个问题出发，对教师提出自己的一百条实际建议。

目录

上篇

1 从事教师工作的才能是什么,它是如何形成的...002
2 关于教师的健康以及丰富的精神生活的问题......008
3 在日常活动过程中如何防止神经衰弱..................013
4 要关心人..017
5 记住——没有也不可能有抽象的学生..............022
6 一天只有二十四个小时,从哪里抽时间............026
7 教师的时间和各教学阶段的相互依存性............029
8 如何让学生记住基础知识...............................032
9 "两个教学大纲",发展学生的思维..................035
10 关于做"困难"学生的工作..........................037

11 知识既是目的,也是手段..........................040
12 关于获取知识..043
13 如何引导学生从事实转向抽象的真理............045
14 初次学习教材..048
15 理解新材料是课堂教学的一个阶段..............050
16 如何让检查家庭作业成为有效的脑力劳动......053
17 评分应当有分量..055
18 教学之母不应成为继母...............................057
19 如何批改作业..059
20 学生在学习课程时积极活动的内容..............061

21 教学生注视和观察 063
22 如何通过阅读来发展知识 065
23 阅读是培养"困难"学生智力的重要手段 067
24 不要让能力与知识失去平衡 069
25 兴趣的奥秘在于什么 072
26 要和学生的思想做斗争,赢得他们的内心 075
27 如何调和思想和公民尊严 078
28 知识与社会参与 080
29 如何按季节安排学生的任务 082
30 关于学生的精神生活 085
31 为了避免负担——一定要有空闲时间 087
32 教会孩子利用空闲时间 090

33 把每个学生引领到兴趣的焦点 092
34 培养劳动的兴趣 094
35 如何让学生专注 098
36 形象化——一条知识的路径和照亮这条
   道路的光 101
37 对于刚开始工作的教师的建议 105
38 给即将执教一年级教师的建议 109
39 如何在学前教育中研究儿童的思维 111
40 如何发展儿童的思维和智力 114
41 如何培养记忆力 115
42 对青少年记忆力包容的同时对其进行提高 116
43 培养孩子对绘画的热爱 118

44 如何教会孩子流畅地书写 120

45 教会孩子用两只手工作 122

46 给在大型学校工作的教师的建议 123

47 对单班式学校教师的建议 125

48 教师该如何编写教学计划 127

49 关于教师日记的建议 129

50 关于教师抚养自己的孩子的问题 131

下篇

51 是谁、是什么培养着孩子，在教育的过程中教师以及其他教育者的作用 134

52 如何让母亲和父亲为孩子的学校、家庭教育做准备 138

53 如何使教师的话走进学生的心 143

54 如何让作为教育者的父母团结一致 147

55 学校的感知教育 151

56 如何才能让孩子愿意好好学习 154

57 随着孩子的成长和发展，如何加深对父母的教育工作 156

58 如何与学生家庭一起指导孩子的劳动 159

59 如何用实践活动提升学生的内心、培养人格品质 161

60 如何与学生父母共同培养"未来的家长" 163

61　让孩子们尊重女人——女孩、母亲 165

62　作为教育工作者，教师应该具备的素质 167

63　团队集体是一种教育的手段，如何创建集
　　体，创建集体基于哪些条件 171

64　集体是个人全面发展的工具 175

65　如何教学生学会服从，培养学生的领导能
　　力，如何拥有高的精神追求 177

66　如何培养列宁的接班人，教师在少先队中
　　的作用 179

67　如何全面培养列宁主义接班人的共产主义思想 ...183

68　如何使列宁共产主义触动孩子的心底，让
　　男孩和女孩们珍惜共青团员的称号 186

69　如何让每位共青团员不断追求更好的目标 190

70　如何鼓励一个人不断在道德上发展完善 192

71　如何使年轻人始终对我们的生活和奋斗的
　　事业保持热忱 194

72　如何让共青团员的精神世界里拥有社会主
　　义祖国的思想 198

73　如何实现青少年的精神成熟 200

74　不要害怕困难，没有困难就没有青少年思
　　想教育 203

75　请珍惜青少年时期最纯洁的冲动 204

76　如何教育共青团员关注公共利益 206

77　如何在学校集体内建立劳动关系 209

78 在一定的基础上建立不同年龄结构的集体 211

79 让你们的学生也成为教育者 213

80 教育学生对孤独者不能袖手旁观 215

81 教育学生不能空谈 217

82 如何教育学生自我教育 219

83 掌握与学生单独谈话的艺术 222

84 如何促使学生在道德领域进行自我教育 226

85 如何促使学生在劳动和学习中自我教育 231

86 如何在脑力劳动中培养自律 234

87 如何引导学生在体育中的自我教育 238

88 如何实现集体教育个人的作用 240

89 在学校集体中什么是可以讨论的，什么是不能讨论的 244

90 集体中的业余活动包含什么 247

91 课堂中的思想教育 250

92 让青少年全身心地理解现代精神 255

93 使美德对学生有吸引力 258

94 教师的权威是什么，及其具体表现形式 260

95 如何珍惜儿童的信任 263

96 用书、智慧、信念来掌控孩子的灵魂 267

97 如何计划教育工作 269

98 如何与集体进行教育谈话 272

99 如何战胜懒惰 276

100 最后的建议：秘密…… 279

上篇

1 从事教师工作的才能是什么，它是如何形成的

就像所有需要专门知识、目标明确、有计划、系统性的工作一样，教育人也是一种职业、一种专长。但这是一种特殊的、同其他工作都无法相提并论的职业，它具有一系列的特点：

（1）我们是在和生活中最复杂的、最无价的、最宝贵的所在，也就是在和人打交道。他的生活、健康、智慧、性格、意志，他将成为什么样的人，他在生活中的地位和角色，他的幸福状况，所有这些都取决于我们，取决于我们的能力、水平、技艺和才智。

（2）教师工作的最终成果如何，不是在今天，也不是在明天就能看见，而是要经过很久才能知晓。你所做的、所说的、孩子从中所受的启发，有时要到五年后、十年后才能显现。

（3）许多因素都会对孩子产生影响：父母、同学、所谓的"街头环境"、所读过的书、看过的电影（关于这些你们是不知道的），以及意外接触到的能极大地影响到孩子内心世界的人，等等。这些对孩子的影响有可能是积极的，也有可能是消极的。有些家庭沉重压抑的气氛，会给人的一生都留下不可磨灭的印记。

亲爱的同仁，学校的使命、我们最重要的任务，就是为人而奋斗，克服消极影响，并让积极的影响发挥作用。

为此，我们必须让教师的个性对学生的人格产生最有力、有效并且最有益的影响。德·伊·皮萨列夫写道："人性是如此得丰富、坚强而富有弹

性，以至于在最压抑的畸形环境之中，可以保持其新鲜感和美感。"但是只有当孩子遇到一个聪明能干的、有智慧的教师时，人的天性才能充分地展现出来。

（4）我们的工作对象是正在形成个性的最细微的精神生活领域——思维、情感、意志、信念、自我意识。影响这些领域的同样也只能是思维、情感、意志、信念、自我意识。我们对学生的精神世界产生影响的最重要的方式是教师的语言、周围世界之美和艺术之美，以及创造最能清晰地表达情感的环境，也就是人类关系中的整个情绪领域。

（5）教师的创造性最重要的特点之一是自己的工作客体是孩子。孩子经常是变化的，永远是新的，今天这样，明天那样。而我们的工作就是培养人，这让我们担负着一种独特的、什么都无法与之相提并论的责任。

以上这些就是教学工作的特殊性。从事教师工作的才能到底是什么？它需要哪些客观条件？如何培养、确立、发展和历练这种才能？

任何人都有和人进行交流的精神需求，从而获得生活的快乐感和满足感。但对于某些人来讲，由于各种各样的情况，这种需求很难得以发展，而对于另一些人来说，这种需求就似乎成为压倒其他特点的性格特征。有那么一群人，就像他们所说的，自己"天生"不爱交际、内向、沉默寡言，更倾向于孤独的生活或者说交际圈子很窄（当然，这里与"天性"毫无关系，起决定性作用的是教育，尤其是儿童早期的教育）。

如果和多人的集体沟通让您感到头疼，与之相比，一个人工作或者跟两三个朋友一起工作更好，请不要选择教师工作作为您的职业。教师的职业就是研究人，它经常不断地深入人的复杂的精神世界中。值得称赞的一点是它不断地在人身上发掘新的东西，并惊异于这些新事物。目睹人的成长经历，是培养教学工作技能的根本。

我坚信，这个基础是在人的童年时期和青春期打下的，受家庭和学校的影响。它来自于长辈们（父亲、母亲、教师）的关心，长辈们出于爱和尊重来培养孩子。

既然你们有了成为一名教师的梦想，那就不妨检测一下自己吧，你们在上九年级或十年级时，共青团委员会任命你们为少先队的辅导员或十月小组的教导员。

在你们面前有 40 个孩子，第一眼看上去他们甚至连外表都很像。但是经过第三天、第四天、第五天，在几次走近森林、田野之后，你们会确信，每个孩子都是一个完整的世界，独一无二、拥有自己的个性。如果这个世界将在你们的面前开启，如果在每个孩子身上你们都能感受到他的独特性，如果每个孩子的喜悦和痛苦都在敲打着你们的心，并牵制着你们的思想，让你们感到担忧、焦虑，那么就大胆地将高尚的教师工作作为你们的职业吧，你们将会在其中找到创造的快乐。

因为我们事业中的创造性（我还停留在这里）首先是了解、认识人，惊异于人的多面性和无限性。

如果 40 个孩子让你们觉得是一样的；如果你们很难记住他们的长相和名字；如果孩子们的每双水汪汪的眼睛都不能告诉你们一些非常个性化的独特信息；如果从花园深处传来孩子的声音，你不知道是谁在叫喊，这喊声说明了什么（而且过了一个星期，甚至一个月你也不知道），那么，就像人们所说的那样，反思一下，然后你们再决定要不要当教师。

因为没有单一的教学规律，所以没有一个绝对同等适用于所有儿童的真理。因为实践教学法是将知识和技能精通掌握，并且提升技巧后得来的，教育一个人首先要了解他的内心，并深入感受他的个人世界。

"如果我手中握有权力，那么我会割掉所有把人说成是无可救药的人的舌头"，伟大的思想家阿拜·库南巴耶夫的这句话深深地印在了我的心里。每当我思考教师的才能，或和年轻的教师谈论他的喜乐、悲伤、成功和失败时，这些话就如同炙热的火焰般在我的面前燃起：对人充满无限的信心，相信他有个良好的开端。如果你们正在考虑将自己的一生投入到崇高的教学工作中，那么就应该把这些放在心上。不是相信抽象的、自然界不存在的人，而是相信我们苏维埃社会中正在发展的孩子。

教育才能的基础在于深刻地相信，每个孩子都有可能被成功地教育。我不相信有不可救药的儿童、少年、青年男女。要知道我们面前的这个人，他的世界才刚刚开始，并且在我们的权力范围内可以避免压制、毁灭、扼杀孩子身上美好的、善良的、充满人性的一面。

所以，每一个决定将自己的生命奉献给教育事业的人，都应该容忍孩子们的弱点。如果仔细地观察和琢磨他们，不仅仅是用智慧，而是用心去了解他们，那么他们的弱点就显得微不足道，不值得生气、愤怒或者惩罚。

不要把我的话理解成我在倡导所有的宽容、抽象的宽容，在号召教师要"忍受苦难"。我所说的完全是另外一回事：长辈（母亲、父亲、教师）应具备理解和感受孩子行为的极其细微的动机和原因的能力，理解和感觉到这就是孩子的行为。不要将孩子和自己放在同一个水平线上，不要用成年人的标准来要求孩子，自己也不要孩子气，要了解孩子行为及儿童集体关系的复杂性。

如果孩子的每一次淘气都令你心烦意乱，如果你们认为这些孩子已经闹到了极点，应该采取一些非常的"消防"措施，那你就应该再三考虑一下是否适合当教师。如果你们和孩子会有无止境的冲突，那就当不成教师。要有善于消除冲突的能力，首先要了解你们是在和孩子打交道，这种能力源于滋养着教育才能的一条深根，源自于理解和感知到孩子是一种变化的存在。

还有一个特征，没有它，我认为就不可能有教育才能。我将这一特征称为心灵和智慧的和谐。除了教师和医生外，未必有其他职业需要如此热忱的态度。你们可能有的不仅仅是四十个学生。如果你们在高级班教课，你们将有一百、一百五十个学生。每个学生都应该占据你内心的一部分，应该关心每个学生的喜悦与痛苦。富有同情心、对人由衷地关心同教学能力息息相关。教师不能是一个冷酷的、冷漠的人。冷酷的理性和一味刨根问底式地面对所发生的一切，以及害怕违反各种规章制度，会导致孩子对教师保持警惕、不信任。太理性的教师，孩子们不仅不喜欢，而且从不会向他敞开自己的内心。

在任何情况下都要保持初心，这股子冲动总是最为可贵的。但是同时，教师要能够用理智控制自己的内心冲动，而不是屈服于情绪。尤其是在面对学生的错误、冒失，简而言之不正确的行为需要做出决定时，这一点尤为重要。

教师的艺术和水平恰恰体现在将热忱与智慧相结合的能力上。有时需要暂缓做出决定，让自己的情绪"稳定"。每当我有必要和学生讨论关于表达他复杂、矛盾的内心活动的行为时，我总是将这段谈话推迟几天。我向你们保证，我敬爱的同事们，这样做你们语言的情感、对待学生的理智和内心的情感将会更加充沛，因为在这种情况下，你们的感情似乎由于你们的英明决断而变得高尚起来。

而且你们的判断，你们的话会深深地触动到学生的内心，因为他们深刻地感受到你们的内心的波澜。这种能力——善于把控自己和学生尤其是和青少年学生进行亲切交谈时情绪的能力，在教学技巧中尤为重要。这种能力需要自我培养、自我评价、自我完善、"自我打磨"，变得更加精巧而有效。培养这种能力，必须深入孩子的内心，认真思考他是如何生活的，以及他是如何看待周围的世界的。

亲爱的同仁，要想成为一名真正的教师，就应该经历这种热忱的锻炼，长时间地用心体会这一切：你的学生们靠什么生活，他们在想什么，因为什么而感到开心,又因为什么而感到担忧。这在我们的教学事业中是最细微的事情之一。如果你们可以牢固地掌握这些,你们将会成为一名真正的教学能手。

2 关于教师的健康以及丰富的精神生活的问题

以下是有关工作乐趣的一些话。

我回想起一场隆重的晚会,当时是为了欢送一位教师退休。邀请我来参加这场晚会的是一位女教师,相对比较年轻。她从20岁时起就开始参加工作,退休时才45岁。为什么阿娜斯塔西娅·格里戈里耶夫娜要退休呢?所有人都觉得纳闷。更让人感到奇怪的是:这位女教师不想在工作上多待一天,离开工作的日子恰巧是在她工作整整25年的这一天。阿娜斯塔西娅·格里戈里耶夫娜对我们这些当时还很年轻的教师做了临别讲话,消除了所有疑惑。她说:"亲爱的朋友们,我离开是因为学校里的工作不是我喜爱的事业,我在这份工作中得不到满足。工作没有让我感觉到一丝快乐。这是一种不幸,是我生活的悲剧。我每天都在等待着课快点结束,吵闹声尽快消失,自己可以独处。你们觉得奇怪:这个女人45岁,她将不再工作,要知道她还很有一个健壮的身体。不,我没有健壮的身体,我的身体已经被搞坏了。损伤的原因就在于工作没有带给我快乐。我有很严重的心脏病。年轻人,建议你们自我检测一下,如果工作不能带给你们快乐,就离开学校吧,确定自己的人生道路是正确的,找一份自己喜欢的工作。不然的话,工作的日子对于你们来说将会很痛苦。"亲爱的朋友,我们来认真思考下这段悲伤的故事。健康、心情、精神生活的充实、创造工作的乐趣、对热爱事业的满足——互相联系紧密,互相影响。并且在这里居于首位的是健康与精神力量的和谐。

教师是多么需要健康！如果一场疾病不经意间悄悄来临，而没有救了，这对他的生活来说将是一场怎样的悲剧！

要知道经常会有那样的事情发生：教师才45岁到47岁之间，而他已经力不从心了。刚刚到达教学智慧的顶峰，领会到其中技能的奥秘和教师的艺术，制定出了一套自己的教学观点，然而力气已经筋疲力尽了。一位从16岁时就开始教学生涯，迄今工龄已有25年的教师给我写信说："我多么害怕到45岁的时候成为一名'主席团名誉成员''婚礼上的将军'（意思是成为一种摆设）。如何工作才能避免损害健康？要知道对于工作而言，对于创造而言首先需要的就是健康的身体。没有工作我无法想象自己的幸福。"

我曾经和四百名年龄在45岁到50岁之间的教师交流过。当讨论到身体健康的时候，很多人都说自己有病："心脏衰弱了""心脏时常出毛病"。这方面的疾病不经意间悄悄走向教师，不仅限制了他的创作工作，甚至可能使他的工作完全终止，迫使他提前"退休"。

教师应该保护心脏和神经。我们需要做到工作到60岁时还能是健康的、朝气蓬勃的。很难想象对教师而言，还有什么比自己脑力足、思维活跃然而体力不支还要悲剧的了。但是如何保护心脏和神经呢？

不要割断一切需要个人情感关系的东西，不要让自己变得冷漠。这里首先需要考虑我们工作特定的职业条件。

我们的工作是心力和脑力劳动，确实是每日每时都要消耗大量的脑力。我们的工作情况是不断变化的，这会导致人的激动情绪或抑制情绪增加。因此，学会控制自己，把控自己的能力是最必备的技能之一，这项技能决定了教师的教学成绩以及身体健康。无法正确地抑制每日每时的激动，无法控制局面——这首先会导致教师心律不齐，神经紧张。

但是，如何培养自己的这项技能呢？首先，您需要了解自己的健康状况，知道自己神经系统和心脏的特征。人的神经系统本质上是非常敏锐的，教师必须能够将这种敏锐性引入掌控情绪的艺术水平。

我培养这种能力的方法，是不让负面现象生根发芽，例如忧郁症、夸大别人的毛病，夸大孩子"异常的"意图和行为。这难以用言语表达出来，但这是我们教学操作方法的严重缺陷，用只针对成年人的要求去要求孩子，使小孩子要么成为一个爱高谈阔论教训人的人，要么成为冷漠地对待道理和教训的人。

我一直在努力不让自己激动，不让这种情绪加剧，而要让自己放松。对此什么是必需的，如何避免不断强迫克制自己？

最根本的方法是：首先，将整个集体的精力，从教师主导型转为需要精神一致、集体创造，每个人聚精会神地学习并且相互交换知识财富。

经验使我确信，正是这种集体活动仿佛能使教师为了压制住激动情绪，不让怒气发泄出来而经常不得不压制住的弹簧松弛下来。如果不让弹簧松弛，就像人们所说的那样，捂住心脏压制住怒火，会使精神过于紧张、易怒、焦躁不安，无法平衡地管理我们每次工作中可能产生的情感危险，要么使情绪激动，要么相反——情绪抑制。

我和孩子们一起去了森林。我们集体中有一个很小的孩子，名叫尤尔科，他活泼淘气、非常好动，长着翘鼻子、满脸雀斑、一双蓝眼睛。当时，孩子们正集合在草地上听我的指示：我们还上哪儿去，在森林中怎么才能不丢失、不迷路。这时候，尤尔科却跑进了密林，藏到了某个谷地里，然后喊着"啊呜"来呼唤大家，

乍一看，他这样做可能有坏想法，是想扰乱我们的森林之行。但是，我对自己说，不要过度揣测孩子的意图。要知道尤尔科不过就是一个小孩子，二年级的学生，他不可能想得那么远。于是，我不着急、不生气、不恼怒，而是借此安排了一个很有意思的游戏。我说："孩子们来吧，我们不

要出声，要躲过尤尔科。我们不去找他，让他来找我们。"我们悄悄地走，连脚下的草也不发出声音。我们偷偷地钻到一个我熟悉的林中洞穴里，在那儿躲了起来。

孩儿们非常高兴地观察着自己的这个隐蔽所。尤尔科喊了几声后就默不作声了。此时的他已经到了另外一个地方，模仿着黄鹂的歌声，走近我们待过的草地。他又高喊了几声，从他的声音里我听出来他惊慌了。他已经来到了草地上，不再发出"啊呜"声，也不再模仿黄鹂的叫声，而是着急地叫我们："你们在哪儿呀？回答我！"

与其强迫自己压制住愤怒，不如选择一种活动，它会以完全不同的方式呈现，从而引起兴奋，刺激，使您保持制动弹簧处于松弛状态，这是一种幽默。

如果你具备幽默感，那么，最紧张的局面——有时能引起长时间愤怒的局面就可以得到缓和。孩子们之所以喜爱和尊敬快乐的、不气馁、不悲观失望的教师，是因为他们本身是快乐的、具有幽默感的人。他们擅长从每个行为、每个生活现象中发现笑点。擅长善意地嘲笑负面的东西，用笑话来支持和鼓励正面的东西，是一个好教师和好的学生集体的重要特征。

教师缺乏幽默感就会建立起一道无法相互理解的墙：教师不理解孩子，孩子也不理解教师。意识到孩子不理解你，就会使你生气，并且常常无法消除。亲爱的同仁们，相信我，让学生和教师饱受折磨、破坏班集体的冲突，有很大一部分正是因为相互的不理解。教师工作的特点，是脑力高度紧张期与相对平静期相互交替。多年的实践果断地证明：教师的心脏和神经需要长时期停止耗费，停止消耗神经和精神力量。这些力量需要补充。进行补充的必备条件就是合理使用休息时间。有规律的休息，特别是在夏天和冬天，能发展并加强神经系统的补偿能力，有助于增强忍耐力，保持沉着稳定的能力，以及用理智来控制情绪的能力。

很多在学校工作了三四十年以上，有经验的教师说，培养耐力和自我控制的因素中，尤其包括和大自然的长期接触，身体上的紧张与思想和观察相结合。同时，人们必须能够在日常工作中善于维护好神经力量——这也是心脏健康和精神健康非常重要的保证。

3 在日常活动过程中如何防止神经衰弱

我们的工作是在儿童的世界中进行的，这是我们时刻都不能忘记的一点。儿童的世界很特殊，无可比拟。应该了解这个世界，但这还不够，我们必须深入体验儿童的世界。如果你们愿意的话，在每个教师身上都应该闪烁着永不熄灭的孩子般的火花。

什么是儿童的世界？在这里，我向教师仅仅提供一些实际建议，而不是就儿童的所有特征给出心理学上的定义。我想说的是，儿童的世界首先是对周围世界的情感认知，孩子首先是用心感知周围的一切以及自身行为。多姿多彩、生机勃勃，内心活动丰富，容易表露感情、抒发情绪——这就是我们教育工作的对象和工作环境的儿童属性。

孩子的内心活动时时刻刻让我们感到满意、不满，开心、伤心，忧愁、喜悦，疑惑、诧异，喜爱、愤怒。在儿童世界给我们带来的极广阔的情感领域内，有愉快的和不愉快的、开心的和伤心的旋律。善于协调好这些旋律，是教育工作中保持精神饱满、心情愉快并取得成功的最重要条件。如果和孩子交往给教师带来的只有伤心、愤怒、生气之类的情绪，这不仅让教师的心里觉得不愉快，而且也会伤及五脏六腑。

那些不知道如何看待和感受儿童世界及其复杂情绪的教师经常精神崩溃，其中最令人讨厌，甚至经常让人觉得可怕的一种是神经衰弱。

唐波夫州的尼·丽奇娅写道："我一天只有三节课，但回家时已经精疲力尽，不仅没有力气去备课或者阅读，甚至没有力气去思考。这是怎么一回事呢？在学校工作期间，我就像绷紧的一根弦。孩子们淘气，使人不得安宁。似乎每个小男孩都一心只想着做令我不高兴的事：我看见费佳在课堂上捅了捅瓦尼亚的腰，然后瓦尼亚就对费佳还手，用尺子打了他的头……这些事情，别的教师都说是小事，但我却无法平静地看待这一切。我的全身掀起一股热浪，心几乎要从胸口蹦出来，手脚麻木。斥责学生的时候想要保持镇定，但声音发颤。孩子们注意到了这些，在我看来，尽管他们在出馊主意来故意让我生气，但他们在微笑。我该怎么办？"

神经错乱的原因是不了解儿童的世界。我亲爱的同行，总的来说，这个世界是美好的，如果你们了解它、身在其中如鱼得水，那它将会给你带来的良好的体验会比不好的多得多。因此，要学会用心去聆听、理解和感受这种被称为儿童世界的音乐，最主要的是聆听一些明朗欢快的曲调。不要只做儿童音乐的听众、欣赏者，还要当它的创作者——作曲家。要在儿童音乐中创造明朗欢快的旋律，这关系到你们的健康、精神力量、内心状况。你们的钢琴和你写的儿童音乐的乐谱以及指挥乐曲的指挥棒，这些都包含了既简单同时又很复杂的东西，那就是乐观主义。

请记住，在儿童、少年以及青年男女中没有预谋犯，即便有，也是千分之一、万分之一的概率。那么他们作恶，就要靠善良、人性以及拥有魔力的小提琴和指挥棒也就是乐观主义来医治他们。孩子身上没有任何东西是需要教师残酷对待的。

如果孩子心里有了毛病，那么，这邪恶首先要靠善良来驱除。这不是提倡不对抗邪恶，而是对儿童世界的实际看法。我讨厌对孩子持怀疑态度，讨厌拘泥于形式的规章制度。这不是在提倡马虎懈怠和"自由教育"，而是坚信，对孩子友善、爱抚、疼爱，并不是抽象的，而是人道的、实际的、充满了对人的信任——这是一股强大的力量，能在人身上树立起一切美好的东西，使他成为一个理想的人。我不相信，一个受到正确教育的孩子会成为流氓、寄生虫、厚颜无耻之徒、爱说谎以及腐化的人。

乐观主义相信人是教育者和受教育者的创造力、精神力量和健康无限的源泉。不要让不信任、怀疑的种子在自己的心中发芽生长。不管对他人的不信任在最初出现时是多么微不足道，但它依旧能发展成可怕的"不友善癌"（因为这里是在谈论身体和精神的健康问题）。不友善是心灵的一种危险疾病，既影响心脏，也影响神经。

这种疾病用遮布盖住了教师的眼睛，使他看不到人身上的优点。不友善是一副虚构的眼镜，它的镜片使优点缩小到极其微小的程度，因而看不见，使缺点扩大到畸形的地步，以致掩盖了人类最细微的特征。

我年轻的朋友，教师的健康问题始于他允许恶意、不友善态度的滋长，用与乐观地相信人毫无共同之处的意图和行为来助长这种态度。不友善是狠毒之母，而狠毒，形象地说，是一种尖锐的刺，经常扎到心脏最敏感的角落，使心灵疲惫，使神经衰弱，

比怕火更厉害的是怕最微小的幸灾乐祸，比如（但愿永远不会发生这种事），你们"训斥"了一个学生，"触及"到他的痛处：在记事簿上记下了他的不体面行为，在你们的内心深处闪过一丝开心的念头，心里想着："你父亲将会看到我的笔记，他对你要求极高，他会给你好看……"你瞥了一下那孩子忧愁的眼睛，并没有表示担心，而是很平静。亲爱的朋友，请记住，正是从这个时候开始了你们的大不幸：你的内心深处滋生了幸灾乐祸的邪念。尽管起初它看起来就像是一只无害的、弱小的野兽。但它实际就像毒蛇一样。

幸灾乐祸反过来又滋生出不能容忍，幸灾乐祸的心变得又聋又哑，无法捕捉到孩子内心的细微活动。幸灾乐祸的人把孩子普通的淘气看成是祸害和居心叵测。无法容忍孩子的恶作剧、淘气，使教师成为冷淡的训斥者和缺乏感情的监视者，从而受到孩子的厌恶。孩子试图用惹教师生气、"得

罪教师"的办法来对付教师的吹毛求疵。如果已经开始出现这种情况，那么，教师的心脏就会因为时时刻刻要压抑自己的愤怒而逐渐衰竭。我的朋友，你应该像避免灾害一样避免这种情况发生。如果你避免不了这一点，你会变得易怒、暴躁和情绪悲观，工作对你来说将变成苦役，你会百病缠身。

相互关怀与合理的善良应当成为儿童集体生活的氛围，这是教师与孩子之间关系的主要品质。关怀——这是一个多么美妙的词，同时，它又代表着一种深刻、复杂、多面的人际关系。

如果关怀是相互的，就意味着一个人会将内心深处的一切向他人敞开。我已经无数次地讲过，并且还会一直重复：教师和孩子们的相互关怀是连接内心的最细微的线，请记住，这条线在我们的教学工作中极为重要，它能使一个人可以不通过语言就理解另一个人，能感觉到另一个人最细微的内心活动。

多年的学校工作经历使我坚信，如果我关心孩子们，并培养他们懂得关心别人的品质，他们会顾惜我的心脏和我的神经。在我心情沉重时，在我难以说话时他们能理解我。当孩子们觉察到我的情绪时，觉察到我心里很沉重时会想着在课上及课间休息时尽量保持安静。我亲爱的同行，这种内心上相互感知，善于读懂别人内心的关系氛围是你们保持身体健康的不竭动力。但是在我们进入学校生活的非常特殊的领域时，人们却很少提及，但是我们仍需要对此进行大量而合理的讨论。说到关怀别人的本质，这是情感教育最重要的一个方面。

4 要关心人

这条建议总体上是属于教育培养的初步知识，尤其是情感教育方面。做一名关心学生的教师，就是说对待孩子要像对待自己的孩子一样。

小孩子成绩不好，学习落后，难以像班上其他同学那样学习；青少年耍流氓——所有的这些都很糟糕，如果你们的孩子发生了这种糟糕的事情，你们会怎么做呢？未必会做出像开除、减品行分那样的决定。

当然，理智会提醒聪明的父母，这些办法也是有必要的，但是首先，内心会暗示一些其他挽救孩子极端必要的做法，要知道不能通过惩罚这一种方法来挽救一个人。

内心会要求采取一种办法，能在孩子的心里建立起道义上的纯洁和美，使他成为一个真正的人。内心的这种愿望也就是对人的关怀。教师对孩子的关怀首先表现在善于做到不让他成为坏孩子，防止他走上错误的道路。按照父母的方式希望孩子好，就是要杜绝邪恶侵入孩子的内心，要将邪恶关在孩子心门之外。

如果你们心里对每个孩子都抱有这种焦虑不安的关切，如果每个孩子对你来说不是班级记事簿上的一行字和一个数字，而是一个活生生的人、一个充满个性、独特性的人，那你们就可能会相信，要是孩子遇上了糟糕的事情，你的内心会提醒你该怎么办。这种内心要求就是关怀在起作用。说"关心别人"很容易，但关心别人是需要培养的。只有当这种内心状态是相互的，也就是说，当教师希望学生好，而学生也认同时，才能把它培养起来。这是学校生活最细微的协调一致。相互关心是在良好的情感文化氛围中培养起来的。

我常常觉得，教育最重要的任务之一就是教孩子用心去认识世界，用心去感知别人的处境，不仅仅是亲人朋友的处境，还有在人生道路上遇到的每一位同胞们的处境。教会小孩去感受他所遇到的人沉重的内心、他的某种悲痛，这是一种最细致的教育本领。

我想分享一下经验，讲一下教师该如何培养自己的这种本领，如何培育孩子的情感修养，以及如何使这种修养成为相互关心的基础。春天，在学校旁边的田野里有一些女庄员在甜菜种植场工作。每天早上，一轮红日刚从地平线出现，妇女们就一个接一个下地开始工作了。我的一年级生也是这个时候来到学校的花园里。我们在自己的"美丽角"里迎接日出。这个角落是蔚蓝色天空下的一个绿荫教室——一个很大的绿荫窝棚，浓密的葡萄叶子遮住了炎热的太阳。

女庄员们从距离我们两三米远的地方经过。我们看得见她们，看得清她们每个人的面部特征、她们的眼睛，如果我们静静地坐着，还能听得见她们的呼吸声。她们看不见我们。我教导孩子们说：看女人们的眼睛，要学会感知和了解她们每个人的内心状况——是晴朗平静，还是乌云笼罩。我们每天看到的都是这些姑娘和妇女。我们已经熟悉了一个长着蓝眼睛，梳着淡褐色粗辫子的年轻女人，她是两个孩子的母亲，总是唱着这样那样的歌儿去劳作。她常在小丘上，看向蔚蓝色的天空，听着云雀的歌声，面带微笑。

我对孩子们说："她对生活感到高兴，她是幸福的。"我们在看到别人幸福时，自己也感到很高兴。另一个女人每天拐到狭窄的田间小道上时，总要折几支野花，透过她的眼睛我们看出，她在想些光明、愉快的事。有两个姑娘走向草地上缓缓流动的泉源，把泉水当镜子照，整理发型，欣赏自己的美丽。我说："孩子们，你们看，她们的眼睛里饱含着快乐的梦想。"

而这个黑眼睛的女人不仅采了野花，还在小树墩上坐了下来，编了一个小小的花坏——当然，那样的花环只能编给小姑娘。我说，亲爱的孩子们，你们仔细看她的眼睛，你们将会感受到母爱的温暖。但是看这儿，孩子们，你们仔细瞧，是一个白发苍苍的老妇人。你们看她的眼睛，多么得忧郁、悲伤。她的目光中含有如此多的苦楚和愁闷！看，她停下了，看向太阳，看向隐没在一片绿色花园里的村庄，沉重地叹着气。你们会看到，她没有走在田野小路上，而是走在通往村庄中心的道路上。她在路边摘下野花，拿着花走向和法西斯作战时在这里牺牲的战士们的纪念碑。看，她在墓前献了花，哭了起来。孩子们，你们正面对着人类在世界上最伟大的悲痛——母亲的悲痛。她现在又一次经过我们的"美丽角"，你们仔细观察，再次注视她的眼睛。

孩子们屏息坐着。没有一点儿风吹草动，周围的一切都很安静。我们面对着的是一位母亲的悲伤的眼睛。我们听见了她沉重的叹息声，再次回过头来看向烈士纪念碑。没有任何话和解释孩子们就明白了，这个母亲的儿子在战争中牺牲了。我在讲述一个母亲的巨大悲痛：她的两个儿子和丈夫都牺牲了。随后，一堂接一堂的新课教会孩子们要用心来认识、观察他人。

我们出发到田野里去，坐在乡间小路旁，时不时有人从我们身边经过。孩子们看着人们的面部和眼睛，领悟他们的内心世界。其中一个人对生活条件感到高兴。第二个人在向往某种令人激动的宝贵事物。第三个人只不过有些疲倦和冷漠，不，这个人心情不是太好……第四个人忧心忡忡，可能是为某些日常生活琐事操心，也可能是为某件大事而担忧。而这个老爷爷则有着某种悲痛。

孩子们精神一振，留意起来。人们眼睛里的那种悲痛他们还从来没有见到过。孩子们说："他很痛苦……准是遇到了很大的不幸……需要问一下，该帮他做点什么。"他们向老爷爷走去，问道："我们能帮您做点什么吗？"老爷爷把温暖的手放在小季娜长着浅色头发的脑袋上，沉重地叹着气说道："亲爱的孩子们，你们什么都不能帮到我……我的妻子刚刚死在医院里……我现在是去叫汽车……我们在一起生活了四十七年……你们什么忙也帮不上，但我还是感到轻松了一点，你们真是好人……"

情感修养就是这样培养起来的。这是一个非常细致且漫长的过程，要求教师要很会拿捏分寸、细心、会思考，并深知每个孩子的内心世界。能用心感知他人的孩子就会关怀人。但是，还有一点非常重要，他容易感受到教师的关心，不仅能感觉得到，还能以德报德。这种情况在教育工作中的重要性是难以估计的。

孩子的心灵应该用爱抚、善意和诚挚来进行培养，你们大概听过教师们的抱怨（可能你们自己也有过这种想法）："怎么办呢，孩子听不懂好赖话……我诚心诚意地对他，而他却麻木不仁，嘲笑我的好意。"很遗憾，这种事情时常发生。这种心肠冷漠的根源在于情感教育的缺乏，在于幼年时期孩子没有学会用心来认识人。

如果你们教会自己的学生用心来感知别人，你的关怀就能创造出奇迹。教师的关怀首先指向孩子的脑力劳动。希望孩子在脑力劳动中表现良好，就意味着要了解他的强项和弱点，感受他脑力劳动的细微特点。你们的关心，作为一种强大的教育手段，会一直起作用，直到你们的学生想要做一个好人，直到他的自尊心萌发并且不断强大。

就像我们看到的那样，在教育事业中，各种现象和事实之间存在最为紧密的联系：孩子的学习成绩影响他的精神状态，孩子的精神状态则影响教师精神生活的充实和身体健康。

如果学生力图做个好学生，想很好地掌握知识，这就已经是你工作乐趣的一半了。孩子的个人自尊心取决于他的学习成绩，而学习成绩则取决于教师的关心，当然，也取决于孩子的内心肯接受教师的关心到什么程度。我尊敬的同行，请记住，孩子的学习成绩、他个人的自尊心就是你们创造性劳动的乐趣的火花。

　　只要这个火花在发光，你就会感到自己精神生活的充实和创造的乐趣。但是，这又产生了一个问题：如何让孩子经常取得好成绩？如何培养他的个人自尊心？如何利用这股巨大的精神力量，即做一名好学生的愿望让他变得高尚？我现在就来谈另一条建议。

5 记住——没有也不可能有抽象的学生

为什么一年级就经常出现学习成绩不好、落后的学生，而到二、三年级有时会出现没有希望的落后生，就像人们所说的那样，教师对其不抱期望？这是因为在学校生活的最重要领域——脑力劳动领域，没有对孩子因材施教。

想象一下，所有刚入学的七岁小孩儿，被迫做同样的体育劳动，例如，拎水。一个学生拎来五桶水就精疲力尽了，而另一个学生能够拎来二十桶。强迫弱小的孩子提来二十桶，这会过度消耗他的体力，他第二天将什么都做不了，甚至会病倒在医院。同样，孩子从事脑力劳动的能力也不尽相同。

一部分孩子理解、思考、记住的过程很快，并且记得很牢固。而另外一部分孩子脑力劳动完全是另外一回事：学习材料吸收得很慢，知识记忆得不持久并且不牢固。尽管以后，可能正是这个学生要比那个在最初阶段学习成绩较好的学生在学业和智力发展上取得更大的成就（这种事情也不少）。

没有抽象的学生可以对之机械地应用所有的培训和教育法则。同理，学习成绩也不能作为衡量所有学生的标准。学习成绩本身是相对的，对于一部分学生而言，得到五分只是成绩好的标志，而对于另一部分学生而言，得到三分就已经是很大的成就了。善于准确地判断每个学生目前的能力，以后如何发展他的智力，这是教学智慧极其重要的组成部分。

维护和培养每个学生的自尊取决于教师如何看待他们的个人学习成

绩。不能要求孩子做他做不到的事。任何一门学科的教学大纲，它的知识水准和范畴都是固定的，不像孩子那般灵活。同样的水平，同样的知识范围每个孩子的学习程度是不同的。

一个孩子在一年级时就已经能够完全独立地阅读习题并解答题目，而另一个孩子要到二年级期末才能做到，还有到三年级才会的。要善于明确，用哪些方法、用多久、要克服什么样的困难，孩子才能达到大纲所规定的水平，如何在每个学生的学习中具体地实施大纲。

教学培养的艺术和技巧在于发掘每个孩子的实力和可能性，让他们在学习中获得成功的喜悦。也就是说，学习应该要区别对待，不仅在学习内容（习题的性质）上，时间上也是。有经验的教师在课上给一个学生布置两三道甚至是四道题，而给另一个学生仅布置一道。一个学生的题比较复杂，而另一学生的题目就比较简单。一个学生在语言学习上要完成一篇原创作文，而另一个学生只需要研究文学作品里面的原文。

通过这样的方法所有的学生都能够有所进步——一部分学生进步得快一点，另一部分学生进步得慢一点。在学习成绩中孩子们看到了自己的付出和努力。学习将带给他精神上的满足以及获得新知识的喜悦。

教师和学生之间互相关心，并由此产生了信任。学生不会认为教师只是严格的管理员，而分数只是简单的几道杠。他会坦率地告诉教师：这件事我没有做成，这件事我做不到。他的良心非常敏感，他不能采用抄袭、带小抄的方法。他想树立自己的尊严。

学习成绩，形象地说，如同一条小路，通往孩子的内心深处。孩子的内心燃烧着想要当一名好学生心愿的小火花。请保护好这条小路和这团小火花。

我的一个朋友是一位非常出色的数学教师，名叫伊·格·特卡琴科（基洛夫格勒州的波格丹诺夫中学）。他这样讲述他的备课情况："我会认真思考每个学生将要做什么。为所有学生挑选他们都能做好的作业。"

如果学生没有在掌握知识的道路上迈出哪怕一小步,这就是一堂毫无意义的课。无效劳动,是学生和教师面临的最大的潜在危险。

请看一下帕夫雷什中学的教师阿·格·阿里申科和米·阿·雷萨克的数学课。在解题的时候(而解题占课堂90%的时间)他们的班级就好像分成了几个组。

第一组是成绩最好的孩子,他们不需要任何帮助就可以很轻松地解答任意一道题目。在这一组中有一两个学生,他们可以不用借助笔记并进行口头答题。针对这一组,除了大纲规定之内的题目以外,教师还可以选择超纲的题目。给他们布置一些力所能及但又不那么简单,需要努力才能完成的作业。有时还需要提供一些他们虽不能独立解答,但教师的帮助也仅仅在于稍作提示或者暗示的题目。

第二组是勤奋努力的学生,对于他们而言,出色地完成作业需要一定程度紧张的脑力劳动,需要探索研究,克服困难。对于这些学生,教师们说:"他们很勤奋,肯埋头苦干,获得成功的原因是他们用功并且坚持不懈。"

第三组是一些不需要帮助就可以完成中等难度习题的小孩儿,但是复杂的习题有时解不出来。帮助这些学生学习需要高水平的教学技巧。

第四组学生理解和解答习题都很慢,他们做题速度是第二、三组的二分之一,甚至三分之一,在任何情况下都不能催促他们。

第五组是个别学生,中等难度的题他们解答不出来。教师会为他们选择一些专门的习题,故意让他们得点儿分。

这些组的学生不是固定的、一成不变的:脑力劳动会带来成功的喜悦,使能力有所发展。在能使每个学生都能取得进步的教师的课堂上,仔细观察学生的脑力劳动吧。

这里充满了上面所提到的相互关心的氛围，有一种智力受到鼓舞的精神。每个人都希望用自己的努力达到目标。在孩子的眼中，你们看到他们有时精神高度集中，有时迸发出喜悦的火花（找到正确的路），有时陷入沉思（用什么样的思路可以做出习题）。

　　教师在这样的氛围下工作可以获得极大的满足感。我亲爱的同行，请相信我，无论教师在这样的课堂上工作时多么紧张，他都有时间休息一下，否则是很难一连上四五节课的。

　　有几年我在五、六年级教数学，这些和文学课以及历史课交替安排的数学课，对我来说是真正的休息。只要能让每个学生感受到个人成功喜悦的课，就不会让教师感到过分紧张，精疲力尽：他不会有紧张等待着不愉快事情发生的心情，他不用照料那些淘气的、不安分的、由于无事可做时不时用胡作非为来"招待"教师的孩子。因为在这样的课上他们的精力都被用在正道儿上。

　　如果教师能在力所能及的可以指望取得成绩的脑力劳动中把顽皮鬼和淘气包"制服"，那他们会很勤奋并且集中精力地去学习。紧张的劳动可以激发出他们积极的内心。他们变得认不出来了：全部注意力都集中在如何更好地完成作业上。有教师向我抱怨说：孩子在课堂上淘气，做别的事等等。这些话经常让我感到苦恼和疑惑。亲爱的同志们，如果你们真正地思考了如何让每个学生都用功读书，那就不可能有这种事情发生。

　　我们部分涉及了在我们的工作中存在的一个尖锐问题，即如何保证劳动不会使我们疲惫，不会使神经和心脏无穷尽地紧张，这种紧张是由于经常要么出现"非常事件"，要么出现"天真的淘气"而引起的。这些都是很小的、几乎难以觉察的事情，但如果数量很多，就会使人既不能正常工作，也不能正常生活。

6 一天只有二十四个小时，从哪里抽时间

这两句话取自克拉斯诺亚尔斯克城的一个女教师的来信。是的，没有时间。这是教育工作的灾难。它不仅破坏着教师在学校的工作，也破坏着教师的家庭生活。教师和所有人一样，需要花时间照顾家庭和教育自己的孩子。我有非常准确的资料来证明很多中学毕业生害怕上师范院校，是因为他们认为从事这种职业的人尽管有很长的假期，也很难有空闲时间。

我还有很有趣的数据资料。我曾经询问了 500 名其子女进入高等教育机构的教师："您的孩子在哪个教育机构，哪个系学习？"仅有 14 人给出了答案："在教育学院"或者"在大学学习，准备当教师"。之后，有人问了这个问题："为什么你的儿子不想当教师？"486 人回答："因为他知道我们的工作有多么辛苦，甚至连一分钟的空闲时间都没有。"

总的来说，教师究竟能不能让自己的工作有空闲时间呢？这种伤脑筋的问题经常会被问到。事实上确实如此：语文、数学教师每天除在学校工作三四个小时以外，还要用至少五六个小时来备课和批改作业，再加上不少于两个小时的课外工作时间。

如何解决时间的问题？这是学校生活中包含的所有问题之一。它和学生脑力发展问题一样，取决于学校的所有活动安排。

主要是教育工作的方式和性质本身。一个在学校工作了三十三年的历史教师，讲了一堂题为"苏维埃年轻人的道德理想"的公开课。区域研讨班人员和区教育处视察员出席了这堂课。这堂课很棒。教师们和视察员本打算在上课期间做一些笔记，以便课后发表意见，但他们和学生一样，屏

息坐着，听得入了迷，而完全忘记了做笔记。

课后邻校的一位教师说："是啊，您把心交给了自己的学生，您的每一句话都具有巨大的思想冲击。请问，您花了多少时间来准备这堂课？可能不止一小时吧？"那位教师回答说："这节课我准备了一生。而且，一般来说，每堂课我都准备了一生。然而，直接针对该课题的准备，实验课的准备，可以说只花了十五分钟左右。"

这个答案为教学技巧中的奥秘稍稍打开了一点小窗口。像这位历史教师一样的教师，据我所知，仅在我所在地区就有三十个左右。他们没有抱怨缺乏空闲时间，每个人或许还会说，每一堂课他们都准备了一生。

这到底是什么准备？是阅读。要每天读书，终生都以书为友。这是一天也不能断流的潺潺小溪，它充实着思想的河流。阅读不是为了明天的课，而是出于本身的需要，源于对知识的渴望。如果你们希望有更多的空闲时间，避免备课变得单调乏味，只依赖教科书，那就读读科学文献吧。

要让你所教的那门学科的基本理论教科书成为你最基础的课本。要把你知识海洋里面的基础知识教给学生，而课本只是一滴水。到那时，备课就不需要花费几个小时了。优秀教师教学技艺的完善，就是依赖于这种经常性的阅读，不断地补充他们的知识海洋。如果在从事教育工作初期，教师所掌握的知识与应当教给学生的基本知识的比例是 10:1，那么，等到工龄为 15 年至 20 年的时候，这个比例将变成 20:1、30:1、50:1，这一切全凭阅读。

在教师知识的海洋里，学校教科书所占比重一年比一年少。问题不仅在于教师的理论知识在数量上有所增加。量变引起质变：知识背景越宽广，犹如微弱的光线在明亮的光流中一样，那么，在教学技能基础上建立起来的专业素养越显著，在课堂上叙述教材（讲述、讲演）时分配注意力的能力越明显。例如，教师在解释三角函数，但他所想的主要不是函数，而是学生：他观察每个学生如何学习，那个学生遇到什么理解、思维和记忆上的困难。他不仅要教课，而且在教课的过程中培养学生的智力。

教师的时间问题与教育过程的其他一系列因素紧密联系着。这好比是一些把水供给河流的小溪，而河流就是教育工作和创造的时间。如何让这些小溪源源不断地流动、*潺潺作声*——关于这一点，我想提出一些建议。

7 教师的时间和各教学阶段的相互依存性

这个建议主要是给初级班教师的。中高级班教师的时间安排取决于你们是如何工作的。我尊敬的小学教师同行们,如果你们仔细观察中学里第二(四至八年级)、第三(九至十年级)阶段的教学过程,就可以得出结论:无情地吞噬掉教师时间的是无止境和徒劳的"收尾工作"——教师来不及讲新课。因为他们已经观察到,部分学生还没有学会(旧知识),不得不考虑与其沿着旧有的道路前进,不如想想如何消除部分学生落后的现象(有时这会使得教师不得不和全班一起补课)。这就要花费教师在学校和在家里的大量时间。

为什么会发生这种情况?在教学过程中,消除许多学生的落后现象似乎成了无法避免的工作,还会拖累教学进度。我想提醒初级班的教师,亲爱的同行,请记住,所有中、高级班的教师的时间安排取决于你,你是培训和教育中创造精神的主宰。

在小学面临的诸多任务中,首要任务是教会孩子学习。主要的关注点之一是处理好孩子掌握的理论知识与实践技能之间的关系。

请记住,中、高年级的落后现象主要是由于学生不会学习、不会掌握知识。当然,你们应当关心让孩子的整体发展具有很高的水平,但是首先要教会孩子很好地读和写。

不会流畅地、自觉地、带表情地阅读和理解所读到的东西,不会迅速地、正确无误地书写,就谈不上在中、高年级能顺利地学习,顺利地学习是不需要教师无止境地"追赶"的。

要教会所有低年级的学生阅读,让他们会在读的时候思考以及思考着朗读。阅读的能力应当达到高度熟练的程度,使其通过视觉以及意识上的理解速度超过朗读的速度。超过的越多,阅读时思考得就越细致,而这是顺利学习和整体智力发展的极为重要的条件。我坚信,中、高年级的学习能否顺利首先取决于有意识地阅读的能力,即边读边想和边想边读的能力。

因此,低年级教师应当仔细地研究如何让每个学生提高这种能力。三十年的经验使我确信,学生的智力发展取决于是否会很好地阅读。会边读边想的学生,要比那些不会迅速阅读的人,处理任何事情要快些、顺利些。这种迅速阅读的能力并不像第一眼看上去那么简单。

他不是死记硬背。他读课本或者其他书籍,和那些不会边读边想的学生是完全不同的。他读过书以后,能想象出完整的对象及其组成部分、它们的相互关联性和相互制约性。会边读边想和边想边读的学生中不存在落后现象,而如果没有落后的学生,那么教师工作起来就会很轻松。实践证明,如果阅读已经成为学生通往知识世界的最重要的小窗口,就没必要用大量时间来补课了。教师就有可能和个别的孩子单独谈话,这种谈话不是长时间的辅导作业,而是有关如何独立地掌握知识、防止不及格和落后现象的指导和建议。

如果学生不知道他在哪方面落后,需要什么样的帮助,教师就要约他单独谈话。中、高年级顺利学习与否,还取决于学生在低年级时学习迅速和有意识地书写的程度,以及这种能力在后来是如何发展的。和阅读一样,书写也是孩子用来掌握知识的一种工具。学习成绩的好坏以及是否合理地利用时间,取决于这个工具所处的状态。

我建议低年级的教师设立目标,要让孩子在读完四年级时会迅速地、半自动化地书写。只有在这种条件下学生才能顺利地学习,没有必要经常去消除落后现象。应当努力让孩子学会思考着写，让字母、音节和单词书写不作为他要注意的焦点。要给自己设立更具体的目标：你在给学生讲某些知识点时，让他们边听边思考你所讲的内容，同时简明扼要地用自己的思想表达。这些在三年级时就应该教会孩子。如果你顺利地达到了这个目标，那么请相信我：你们的学生永远也不会落后、不及格，他们学会获得知识了，就会珍惜中、高年级教师的时间，爱护你们的健康。

8 如何让学生记住基础知识

在学校工作了30年，我发现了一个我认为很重要的秘密，一条独特的教育定律：中、高年级之所以出现落后和成绩不好的现象，主要是由于学生在低年级学习时没有把作为知识基础的基本常识牢牢地保存在记忆中终生不忘。

想象一下，一座精心构造的建筑物，地基却打在不太结实的水泥上，泥浆总是脱落，石块不断往下掉；人们每天忙于修补未完工的地方，永远处在房子要倒塌的威胁之下。四年级至十年级的许多语文和数学教师，就处于这种境地：他们在建造一座房子，而地基却在瓦解。

小学教师们！你们最重要的任务，是打造牢固的知识基础。要让它十分坚固，以便后来工作的教师完全不用考虑基础问题。你们从一年级开始工作时，要把四年级的教学大纲拿来，首先要拿语文和数学的教学大纲，还要拿五年级数学的教学大纲。此外，也要拿历史、自然、地理的课外读物和这些科目四年级的教学大纲。把所有这些材料加以对照和比较，想一下，为了顺利地在四年级和五年级学习，三年级的学生需要了解什么。

首先要注意最基本的识字。语言中有两千至两千五百种拼法的单词，就像是知识、读写能力的"骨架"。经验表明，孩子如果在小学里牢固地记住了这些拼法，他就会成为一个有读写能力的人。但问题不仅仅在于此。在小学里学会读写，是中、高年级掌握知识的工具。

我在教低年级的孩子们时，经常在面前摆放一张最重要的单词表清单。它类似于最基本的读写能力教学大纲。我把两千五百种单词分解，每个工作日让学生学三个单词。孩子们把这些单词写在练习本上,并记下来。这项工作每天只花费几分钟的时间。童年时代的记忆力是非常灵活敏锐的,如果善于利用它,不让它负担过重,它将成为你的第一帮手。学生在头几年记住的东西是永远忘不了的。在这种情况下"掌握记忆的方法"归结如下:

在工作日开始的时候(第一节课前),我在黑板上写上三个今天要学的单词,例如,草原、温暖、沙沙作响。孩子们走进教室后,立刻把这些单词写在三年中一直使用的生词本上。他们要研究这些单词,并在旁边再写出几个同一词根的单词。这些事用时三四分钟。学生逐渐习惯了这种做法。

之后的学习带有游戏的性质,明显含有自我教育和自我检查的成分。我对孩子们说:"在回家的路上,回忆一下我们今天记下了哪三个单词,它们是怎么写的。回想一下这些单词的形式。明天早晨醒来后,立刻再回想一下这些单词的写法,凭记忆把它们写在练习本上。"(这是一个普通练习本,就像是第二本词典)如果这种游戏从一年级就开始,如果教师相信这样做会取得成效,如果他爱孩子们,如果在他人生中没有对学生所做的事情感到厌烦的时刻,那就没有一个学生会不喜欢这种游戏的。

上课时,从一堂课到另一堂课都在进行各种各样的练习,使已经记住的单词不断地得到复习和使用。我觉得非常重要的练习之一是记住四百个修辞短语,我坚信,它们可以说是一种语言修养的基本骨架。在低年级学习期间,孩子要记住由于日常用语不同形式的影响而经常犯典型错误的那些修辞短语。

我再强调一次,教学过程中的游戏要素具有非常重大的意义。我有六百个"童话里的"单词,就是在儿童童话中经常反复使用的单词。我和孩子们在小学四年学习期间画出了几十幅童话图片,他们在这些童话图片下面写了文字,其中包括这六百个单词。这是巩固最低限度词汇的一种非常有效的方式。

在低年级的学习期间，孩子在数学方面要记住一些演算法，这些演算规则由于经常重复使用，似乎已成为惯用的数学总结，所以每次都不用费脑筋去想。这不仅是指乘法表，还有最经常使用的一千以内的加减乘除。

这也是数量大小的最典型的计量和换算。我的出发点是：中、高年级学生的脑力不应过量负担枯燥乏味的演算，而是尽可能多地把脑力用于创造性的工作上。

当然，整个学习要以有意识地掌握材料为基础。不过，不能不考虑到，不是一切都能解释得清楚的。我力求将有意记忆和无意记忆结合起来。

9 "两个教学大纲",发展学生的思维

教师的时间不够,首先是因为孩子学习困难。多年来,我一直在思考如何减轻学生负担的问题。实用技能,作为知识的基础,仅仅是问题的开始。怎样记住知识不忘,则是问题的延续。我建议每个教师:要分析知识的内容,明确标出学生应该牢牢记住的知识。非常重要的是教师要能够正确地判断教学大纲中的"重点"知识,并掌握运用知识的能力,思维和智力的发展取决于"重点"知识是否巩固。

这种"重点"知识,就是反映事物特性的重要结论和总结、公式、规则、规律和逻辑。经验丰富的教师所教的学生,会拿着专门的笔记本来记录那些必须牢牢记住的材料。材料越复杂,应该记住的总结、结论、规则就越多,学习过程中的"智力基础"就应该越牢固。

换句话说,为了牢固地记住公式、规则、结论和其他的总结,学生应该阅读和思考许多并不需要记住的材料。阅读应和学习紧密联系。如果阅读加深了对事实、现象和事物的认识,而这些事实、现象和事物是保存在记忆中的总结的基础,那么,这种阅读就能帮助记忆。这种阅读也可以称之为建立学习和记住材料所必需的智力基础。学生仅仅由于对材料感兴趣,由于想认识、思考和了解而阅读得越多,他就越容易记住必须牢记不忘的材料。

考虑到这个非常重要的规律,我在实际工作中经常有两个教学大纲:第一个是必须学会并记住的材料,第二个是课外阅读以及其他知识来源。物理是最难记住不忘的一门课,特别是在六年级到八年级。

这个阶段的教学大纲包含了许多概念。六年来我一直教这门课，总是希望使课外阅读配合每个新学到的概念。当时所学习的概念越复杂，学生所读的书就应该越有意思，越有吸引力。在学习电流定律时，我编了一套专门的丛书，供学生个人课外阅读使用。这套丛书包括五十五本有关自然现象的小册子，主要是介绍物质具有多种多样的电性能的。

我让孩子们开动脑筋。他们确实纷纷向我提出问题：是什么？怎么样？为什么？在所有提出的问题中，大约80%是以"为什么"开始的。孩子们不明白的有很多。他们对周围世界不明白的事情越多，想知道的愿望就表现得越明显，知识吸收得就越快。我给他们讲的所有知识，孩子们表面上"一看就懂"。当谈到将电流作为自由电子流的第一个科学概念时，事实证明，青少年对这种复杂的物理现象有很多疑问。

回答这些问题就像是在世界图片的空白处添砖加瓦，而世界图片则是学生在阅读和早先获得的其他知识的基础上已经形成。

我在高年级教过三年的生物课。这门课有很多理论概念，很难理解，当然，更难记住。当学生学习生命、生命物质、遗传、新陈代谢、有机体等最初的生物学概念时，我从科学及科普杂志、书籍和小册子中为他们挑选了专门的材料。"第二个教学大纲"包括阅读这些小册子、书籍和文章，看过这种材料后就会对一系列复杂的科学问题产生兴趣，继而对新书感兴趣。

学了生物学的男女青年对周围自然界的现象，包括对新陈代谢这种形式极为多样的现象很感兴趣。问题越多，我的学生们对知识掌握得就越深。他们的回答如果要评分的话，没有一个是低于四分的。我建议所有的教师，要牢记不忘教学大纲的材料打好智力基础。学生只有进行思考，才能学得扎实。要考虑如何使课堂上正在学习或将要学习的东西，成为思维、分析和观察的对象。

10 关于做"困难"学生的工作

大概所有的教师都会同意一点，就是我们教学工作中"最硬的核桃"之一就是做"困难"学生的工作。他们比大部分学生在理解和记住教材上需要多花三到五倍的时间，第二天就忘了所学的东西，因此，不是在学习教材后的三四个月，而是在两三周后就要让他们做防止遗忘的练习。三十多年的教育工作使我深信，上面提到的"第二种教学大纲"对这些孩子能起到特别重要的作用。

对这些孩子来讲，只限于机械背诵所学教材尤为有害，这会使他们头脑迟钝，养成死记硬背的习惯。我试过很多减轻这些学生脑力劳动的方法，发现最有效的方法是扩大阅读范围。是的，这些孩子必须尽量多地去阅读。

我在三至四年级和五至八年级工作的时候，经常关心为每个"困难"孩子挑选一些用作阅读的书籍和文章，这些书籍和文章用最鲜明、有趣和吸引人的方式来阐明概念、结论和科学特点。

这些孩子应当尽量多地对周围世界的事物和现象产生疑问，他们应该带着这些疑问来找我，这是对他们进行智力教育的很重要的条件。在"困难"孩子所读的和在周围世界所碰到的事物中，应当不时地出现某种可能使他感到惊奇和诧异的东西。在做"困难"儿童的教育工作时，一直遵循这个要求，这也是我对所有教师的建议。

刚开始大脑半球神经细胞的迟钝、惰性和虚弱，可以用惊奇、惊异来治好，正如肌肉松弛可以用体操治好一样。当孩子面前出现某种使他感到惊奇、诧异的东西时，很难说他的头脑中发生了什么变化。在感到惊讶的时刻，有某种强烈刺激在起作用，就好像唤醒大脑，迫使它加强工作。

我永远不会忘记小费佳。从三年级到七年级，我教了他五年。算术题和乘法表是他的绊脚石。我确信，这个孩子只不过是来不及记住习题的条件，在他的意识里没来得及形成对物品、东西的认识：他刚想进入下一步，就忘了上一步。像费佳这样的孩子在别的班里也有过，虽然总的来说不太多。我为这些孩子专门编了一本习题集，约有两百道题，主要取自民间教育学。每一道题都是一个吸引人的故事。绝大多数题不需要做算术运算；解这种题首先要动脑筋思考。

下面就是我编的《针对马虎和注意力不集中习题集》中的两道题：

1. 三个牧羊人，由于夏天炎热感到疲劳，躺在树下休息睡着了。一个淘气的牧童用橡树上长的"墨果"把睡觉人的额头涂黑了。三人醒后都笑起来了。但是，每个人都以为其他两个人是在互相取笑对方。突然，一个牧羊人不笑了，他已经猜到，他的额头也被涂黑了。他是怎么想的？

2. 在广阔的乌克兰草原上，古代有两个相隔不远的村庄——真话村和谎话村。真话村的村民总是说真话，谎话村的居民总是说谎话。假设你们当中有谁突然能回到古代去，来到了其中一个村庄，只要向头一个碰到的当地村民提出一个问题，就可以知道是到了什么村庄。那么，应当提什么问题呢？

开始，我们只不过是读了习题，就像是读有关鸟兽、昆虫和植物的有趣的小故事一样。

过了很长时间，费佳才明白，这些故事就是习题。他思考了一道最简单的习题,在我的帮助下解了这道题。简单的解法让他感到吃惊。费佳问道:"那就是说,这里的每一道习题也都是可以解的?"他整天都抱着习题集,每解出一道题就像是取得了大胜利。一部分书和小册子与在课上学到的内容有直接联系;在另一些书籍和小册子中则没有直接联系,我把他们的阅读看作是一种独特的智能训练。费佳的成绩已经达到五级:他开始解决与其他学生相同的算术问题。

上六年级时,小男孩突然对物理产生了兴趣。费佳成为青少年建造师里的一名积极分子。男孩对创作工作的兴趣越浓厚,他阅读的就越多。他在进一步学习过程中遇到了困难,尤其是在历史和文学方面。而阅读使每一个困难都变得容易了。读完七年级后,费佳考进了一所中专技术学校,成为一名技能高超的优秀专家——机床安装能手。我从来没有给这样的学生补过课,就是那种聚在一起学习课上没有掌握的内容的课。

我教孩子读书和思考,因为阅读可以激发人们的思考。请记住,孩子学习越困难,就越会觉得他在学习中遇到了无法克服的困难,他就越需要阅读。阅读教会他思考,思考成为一种激发智慧力量的刺激因素。这本书和被这本书唤醒的鲜活思想是防止死记硬背最强大的方式,死记硬背是提高智慧强大的敌人。学生思考得越多,他对周围世界产生的疑问就越多,他理解得就越彻底,教师的工作就越容易。

11　知识既是目的，也是手段

我坚信孩子们在学习上遇到困难的原因之一就是知识对他们来讲经常变成一动不动的负荷，积压起来像是"用作备用"而"不流通"，得不到运用（运用首先是为了获取新知识）。

在教育工作实践中，对于很多教师来说"知道"这一概念就是会回答提出的问题。这种观点导致教师片面地评估学生的智力和才能：谁善于把知识记住并能按教师的要求立即把它们"展示出来"，谁就算是有才能和有知识。这在实践中会导致什么结果呢？会导致知识似乎与学生的精神生活和智力兴趣不相干。掌握知识对学生来说，变成了痛苦、讨厌的事情，希望尽快摆脱它。

首先应当改变对"知识""知道"这两个概念的本质的看法。"知道"是会运用知识。而知识只有在成为精神生活的因素、能抓住思想和激起兴趣时，才谈得上是知识。知识的有效性和生命力，是使知识不断发展和加深的决定性条件。知识只有在不断发展和加深时，才能焕发出活力。只有在知识不断发展的条件下，才能实现一种规律性：学生掌握的知识越多，学习就越轻松。

可惜实际情况恰恰相反：学生的学习一年比一年困难。从这些真理中究竟可以得出什么样的实际建议呢？要尽量做到，避免学生把知识当成最终目的，而要当成一种手段，避免知识变成静止的、无用的学问，而是作用于学生的脑力劳动中、集体的精神生活中和学生的相互关系中，作用于生动的、不断的精神财富交换过程中，没有这一过程，就无法设想智力、道德、情感、审美得以全面发展。

  为此，实际上应当做什么，怎样做呢？在低年级，刚开始时，掌握知识最重要的因素是语言，确切地说，是在语言中所表达出的周围现实的世界，语言向孩子展现了他在上学前所完全不熟悉的新的一面。在我看来，孩子在知识阶梯上迈出的第一步，也是最大的一步，是通过语言了解世界。

  让语言存在并且活跃在孩子的脑海中，让它成为孩子用来掌握知识的工具至关重要。如果你们不希望知识变成僵化的学问，就让语言变成创造的最主要的工具之一。在经验丰富的教师的实际工作中，这种教学和培养的方针体现如下：在学生的脑力劳动中，首先不是背诵，不是背诵他人的思想，而是学生自己的思考，这种思考是一种活的创造力，是借助语言对周围世界的事物和现象的认识，以及与此相关的对语言本身的细微差别的认识。

  我跟孩子们一起来到秋天的果园。这是"晴和初秋"阳光灿烂的一天，柔和的阳光温暖着大地。静谧的树林里，苹果树、梨树和樱桃树的枝丫被装饰得五彩缤纷。我给孩子们讲述金色的秋天，讲述自然界的各种生物，橡树、掉落在地上的种子、在我们这里过冬的鸟类、昆虫等是如何为漫长而寒冷的冬天做准备。在确信孩子们对词和词组的丰富含义和感情色彩有了感受和体验之后，我便提议孩子们讲述一下自己的所见所感。

  在我的面前，一些对周围自然界的惊人且细腻而清晰的思想立马就萌发出来了："一群白色的天鹅渐渐消失在蔚蓝色的天空中……""啄木鸟敲打着树皮，嗒嗒作响……""一朵孤独的洋甘菊在路边绽放""一只鹳立在窠里，眺望着遥远的、遥远的地方……""一只蝴蝶停落在菊花上，在晒太阳……"孩子们不再是复述我的话，而是表达自己的语言。思想活跃和丰富起来了，孩子正在养成思考的能力，感受到了思考带来的无比快乐和认知带来的极大喜悦，觉得自己是思想家。

你是否曾经观察过（或从别的教师那里听说过），孩子对教师的语言表示冷淡和漠不关心？你给他讲述一件很有趣的事情，可他没精打采地坐在那里，你的语言没有打动他的心。你们完全有理由担心：这种对语言冷漠和迟钝的态度是学习上的大缺点。如果这个缺点扎下深根，可能就会疏于学习。

为什么会产生这种缺点呢？它的根源在哪儿？

如果语言在孩子心里不作为一种创造手段，仅仅只是学习别人的思想，而不创造自己的思想，并且不通过语言来表达，他就会对语言表现出无所谓、漠不关心、不开窍的态度。一定要慎重对待这种漠不关心的态度，别忽视孩子毫无生气的目光！要教会他以积极热情的态度对待语言！

12 关于获取知识

关于学生脑力劳动的积极性问题，人们谈论得很多，也很频繁。但积极性可能是多种多样的。学生背熟了所读的书，或记住了教师所讲的内容，能快速地回答，这也是一种积极性，但这种积极性未必能促进智力的发展。教师应当致力于学生思维的积极性，做到让知识得到运用而有所发展。教课时要通过已有的知识来获取新的知识——这在我看来，就是教师水平高的表现。

我在听课和分析课堂教学的时候，正是按照学生脑力劳动这一特点来评价教师的教学水平的。究竟如何做到让学习成为动脑筋的活动来获得知识呢？这里最重要的是什么？获得知识，意味着发现了真理，能回答问题。要做到让你们的学生发现和感觉到有不明白的地方，让他们产生疑问。如果你能做到这一点，便成功了一半。但要做到这一点并不简单。备课时要从这样一个角度考虑教材，即找到一些有因果关系，但却一眼看不出来的症结点。正是从这种地方能产生问题。要知道发现问题能唤起求知欲。

比如说，在我面前有关于"光合作用"这一课的教材。应当给学生们讲一下，植物的绿色叶片里发生了什么。虽然，可以做到把这一切讲得在科学上站得住脚，在理论上和教学法上头头是道，但是让学生动脑筋的任务还是无法完成。我研究了一下材料：有因果关系的关键究竟在哪里？啊！在这里，最关键处就是将无机物变为有机物。

这是一幅令人惊奇的神秘画面：植物从土壤和空气中吸收无机物，并在自己复杂的机体中将其转化为有机物。制造有机物的过程是怎样的呢？植物的机体像个复杂得不可思议的实验室，能在阳光下把矿物肥料这种无生命的东西变成鲜美多汁的西红柿瓤，变成芳香扑鼻的玫瑰花，那里面究竟发生了什么变化？我在讲述的时候，注意引导学生意识到这个问题，使他们激动不已："怎么搞的，一切都发生在我的眼皮底下，可我却没有思考过这个问题？"

怎样引导学生提出问题呢？

为此，必须知道什么该讲，什么该留着只讲半截。没讲完的知识，就好比是学生思维的"雷管"。没有任何灵丹妙药能适用于所有的情况。一切都取决于具体教材的内容和学生已有的实际知识。在某个班里应当不讲完某项内容，在另一个班里则是另一项内容（尽管教材一样）上有所保留。于是，学生的思想中就出现了问题。接着，我力求从学生以前上生物课、所从事的劳动过程中以及看书所掌握的全部知识中抽出必要的知识，这些是回答问题的必要知识。

13 如何引导学生从事实转向抽象的真理

你们肯定碰到过这样一种现象：学生将一条规则、一条法律、一个公式、一个结论记得很深刻，但是不会运用所学到的知识，甚至不理解背下来的知识的本质。这种坏处尤其影响语法、算术、代数、几何、物理、化学等学科的学习，也就是说这些学科的内容都是有系统的归纳，而这些方面的知识首先表现为在实践中应用这些归纳的能力。

在这种情况下，人们通常会说：学生没有理解就背熟了。但是他为什么要背熟？为了防止死记硬背这种坏情况，什么是必不可少的？记住（或者背会）应基于理解。引导学生们通过思考（意识）记住、理解多数的事实、事物、对象、现象。不要还没有理解、没有思考就让记住。从思考事实、事物、现象直至深度理解抽象的真理（规则、公式、规律、结论），需要进行实际工作，也就是掌握知识。

有经验的教师擅长教孩子在理解（即对事实、对象、现象的深入理解）的过程中记住知识。学生遇到诸如俄语里面的硬音符号的拼写规则问题时，教师会通过大量的事实分析——拆解含有硬音符号的单词，解析这些单词的拼写，培养学生记住该规则，并有意识地使用该规则的能力。

通过多次的理解来记住它。对于有经验的教师来讲，记忆规则、结论不需要专门地去熟记：理解事实同时也是对概括的逐步记忆。理解和熟记的统一性越明显，知识越有意识，学生就越能在实践中应用知识。在实际工作中运用知识的能力通常取决于学生以何种方式来记住知识。如果不是通过理解分析事实、现象而记住知识，那么学生将不知道如何来运用它们。

这是教学过程中非常重要的规律。多年的经验使我得出结论：如果学生在上小学时已经在理解事实、现象的过程中掌握了抽象的真理，那么他将获得脑力劳动的一个非常重要的特征——善于思考涵盖事物、对象、事实、状况、现象、事件等一系列的相互联系。换句话说，他善于分析原因、功能以及其他的联系。

大量的事实使我确信，善于思考算术问题的条件（特别是在四到五年级）完全取决于孩子如何掌握抽象概括。那些在没有充分理解大量事实的情况下学习抽象概括的学生，不知道如何思考问题，不知道如何在脑子里理解数量关系式。反过来，如果在小学生的脑力劳动中记住一个抽象的真理是基于对事实的深刻理解，那么如果他没有死记硬背的话，他会发现在算术问题不是数字的某种组合，而是数量之间的依存关系。

他在阅读并理解习题条件时，首先抛开数字，从整体上解题，而不是进行具体的算术运算。基于许多事实及孩子的遭遇，我坚信，学生在算术（然后在代数）方面的落后是脑力劳动中难以察觉的缺陷造成的。关于学科之间的联系的说法很多。每个教师都明白，必须寻找自己的学科与其他学科的交叉点。但是学科之间的联系不仅仅在于此。我深信，最深层的联系不在于实际教材的内容，而在于脑力劳动的本质。

学生在科学基础上进行的脑力劳动会形成这样一种事实，即数学可以帮助孩子学习历史，而历史则有助于数学能力的发展。众所周知，许多低年级教师及从事语言文学方面工作的高校教师，他们的绊脚石是让学生有意识地同掌握语法规则做斗争。对学校来说，相当一部分学生缺乏常识是一个巨大的不幸。我了解到这样一种事实：学生在刚开始学习俄语教材的时候，不能牢固地掌握前缀 раз- 和 рас-，без- 和 бес- 的拼法。在这条规则上犯过很多错误。为了消除落后现象，教师不时地给学生练习相应的规则。他教导学生说：首先好好地复习规则，然后再做练习。貌似这项工作应该取得积极的成效，但是却没有：十年级的学生却出现了错误，在考试的作文里写成"разцветает""расбежался"（应该写成"расцветает""разбежался"）。怎么回事呢？这种奇怪现象的原因在哪里？多年的经验使我得出这样的结论：是否善于运用知识及在掌握知识的过程中思考事实，这种依存关系在学习语法时表现得最为明显。这里，对抽象的真理、概括（即语法规则）的初次认知具有决定性的意义。不要让学生在刚开始学习教材时就出出很多错误，同时又力求让他记熟规则并正确地说出，这个任务不像乍一看那么简单，所以应该专门来讲一讲初次学习教材的问题。

14 初次学习教材

学生学习落后成绩差的根源之一就是刚开始学习教材时学得不够好。我所说的对教材的初次学习指的是什么？这个术语恰当吗？在我看来是恰当的。毕竟，知识是不断发展的，教材的学习也要持续很长时间，知识的每一次运用同时也是知识的发展和深化。而初次学习是从不知道到知道，再到了解事实、现象、品质、特征的实质迈出的第一大步。

例如，学生在许多课程中都会和简便的乘法公式打交道。经验使人确信，学生在学习教材的第一节课中，对公式的理解掌握程度会对后续很多问题产生影响：首先，是不是能够经常把它作为获取新知识的工具。换句话说，这对以后学习新概念、新真理也会产生影响。这是一条重要的规律：在学生意识中产生歧义、模糊，肤浅的表述越少，学生感到落后的压力就越小，他对新材料进行初次学习的准备就越充分，教室中的脑力劳动就越有效。第一次学习该材料的课程应该是特别的一课，这就是说，这堂课需要讲得特别明确，学生在这节课上独立进行脑力劳动的效率非常重要。

教师应力求在第一次教授教材时，就可以看到每个学生的脑力劳动的成果。初次学习教材时，看到"困难"学生的独立思考是非常重要的，因为那些思考理解缓慢的人，需要相对更多的实例和时间来理解教材的实质（提供给他们思考的实例也不是给一般学生的那些）。经验丰富的教师总是力求在第一节课上让学生独立完成作业。在这样的课上必须要有独立思考的部分，在独立思考的过程中要理解实例，进而理解概括性的真理（这里所指的是自然学科课程以及语法课程）。

非常重要的是，要让学生在理解过程中就运用知识。在这里应该做"困难"学生的工作。应该走近他们每一个人，发现他们的难点，给他布置只为他准备的作业。有时在课上就要弄清楚，必须给哪个学生布置单独的家庭作业。

经验丰富的教师通常会在课上布置给他。成绩不好的学生的脑力劳动的效率主要取决于他在课堂上首次学习材料时有规律和有次序到何种程度。他不能仅仅认同黑板上照抄的板书，必须促使他独立思考，并耐心而有分寸地鼓励他在每堂课上的脑力劳动取得哪怕是一点点的成功。在教语法时，我总是努力让学生在初次学习教材的那节课上，以及那堂课之后，在书面练习上不出错。

可能这听起来有些不合逻辑，但这是真理：如果一个学生在课上不出错，他就能把语法掌握住了。如果在课上不出错，那么在家庭作业中也不会有错误（或者错误很少）。语文教师工作困难的主要原因之一，是学生在上课时就已经在书面上出现了错误。教师的错误就在于他没有把"努力不出错"当成目标。

那么我们怎样做到在实际中不出现书写错误，从而打下扎实的基础呢？这取决于很多因素，首先有可能是学生阅读的流利度。为了书写规范而不出错，学生应该会流利地阅读。还有其他的因素，比如课程的结构、教学手段、教学方法。在准备语法课程时，我尽量预先估计学生在哪里，在哪个词上可能出错，具体是谁会犯这种错误。

对任何"有疑问的"词，都事先解释清楚。我建议：不要让学生在第一次学习教材时就对事实、现象、规律一知半解，不要让他在第一次学习语法规则时就犯错，在第一次学习数学规律时便解错例题，答错习题等。

15 理解新材料是课堂教学的一个阶段

可能每个教师都遇到过这样一种现象：昨天在课上每个学生对规则（定义、法则、公式）了解地十分透彻，回答得很好，并举了例子。而今天，你看吧，课堂上有一半人对学过的知识感到有些迷糊，而有些人甚至已经忘了教材内容，许多学生在做家庭作业时遇到了很大的困难。

这些困难在课上并未被发现。理解并不意味着掌握，理解也不是通晓。要拥有扎实的知识，必须要理解。理解是什么意思？学生在自己理解的基础上进行思考，检查自己对教材了解到什么程度，是否准确，尝试将所学知识应用到实践中。

我来举一个例子。在几何课上，学生们获得了三角函数的初步概念。教师对正弦和余弦这两个函数关系给出了定义。教材没有任何难度，貌似立马全都能理解。但是，被理解并不意味着它已经被牢固地掌握住。教师在讲过之后，需要给学生时间去思考新知识。学生们打开草稿本，画上直角三角形，记下教师讲的所有内容，重复正弦和余弦的定义，并自己举例说明函数关系。在这儿，知识的复习貌似与初步运用结合到了一起。事实却是，在自我检查过程中，许多学生无法重现讲解的过程，无法复述讲解的内容。他确信自己已经忘了讲解中这样或那样的环节，便去查阅教科书，但是在这样做之前，他要设法让自己想起来。

对于最"差"的、学习困难的学生来讲，专门理解新教材的阶段尤为重要。有经验的教师非常重视让学习不好的学生将注意力集中在教材的那些"要点"上，这些要点实际上就是因果关系，也就是知识的基础。多年的经验让人确信，成绩不好的学生知识不牢固的根源在于，他们没有看出，不理解事实、现象、真理、规律的结合点，就是因果、从属、时间等联系的产生"点"。就是应该把差生的注意力集中在这些"点"上。例如，给学生讲解副动词短语，这种情况下的难"点"在于动词作为主要谓语时副动词是次要谓语。

给学生时间思考的同时，我将学习困难的同学们的注意力集中在用副动词造句。他应该想到由同一个客体发出的两个动作，一个是主要动作，另一个是次要动作。

学生一边思考现实动作，一边造句子。无论课上学习的教材多么纯理论，总可能给出实际性的练习来让学生更好地掌握教材。历史和文学课，对新知识的理解经常就是让学生找出刚刚讲过的教材中的因果关系及意思上的联系。例如，教师讲述了1861年俄国农民摆脱依从地位获得解放的历史。为了理解新教材（时间是五至七分钟），教师提出了一些问题：如果沙皇政府没有解放农奴，俄国农业经济将沿着什么道路发展？1861年之前俄国工农业资本主义的发展存在什么样的相互关系？这种关系在农奴解放后如何体现？1861年后，什么继续阻碍俄国资本主义的发展？在1861年改革之后，封建残余仍在俄国农业经济中继续存在的原因是什么？

这些问题写在一张大纸上，讲完之后立即被贴在黑板上。我坚信，课程中一个最激烈、最有趣的阶段便开始了。学生们回想起原先学过的各个章节的内容，在课本上"翻找"（顺便说一句，在人文学科的课堂上课本首先是用来理解新内容）。我认为，在学习过程中最有必要的、最有用的方法是在不连续阅读所有内容的情况下复习以前学过的教材内容。这样的重复是最有效的，因为从本质上讲，它是一种思考。总之，不要怕在每节课中花尽可能多的时间来掌握新教材！

这将会事半功倍。在理解知识的过程中，脑力劳动越有效，学生需要做作业的时间就越少，教师下一堂课检查作业需要的时间就越少，就有更多的时间用来讲解教材上的新内容。要懂得这种依存关系的本质，这样你们就能打破这种恶性循环：没有足够的时间来学习新内容，因为时间都花在了检查作业上，而检查作业需要花费很多时间，是因为教材学得不够好。

16 如何让检查家庭作业成为有效的脑力劳动

多年来，我一直为作业检查不当的状况而感到担忧，因为时间往往白白地浪费了，结果造成了我们每个人都熟知的局面：被叫起来的同学刚一开始回答，所有其他的学生便开始忙活自己的事情，一般都是那些预料到自己会被叫起来的学生才会思考答案。我被这样的想法困扰着：那么，怎样做才能让所有学生在检查作业时都思考提出的问题，并让教师有机会检查全班的学习？

草稿本帮忙解决了这个问题。上几何课时，全班准备检查作业。教师给全班布置任务：推导圆面积公式，编一个圆面积习题并解答，简要说出全等三角形的特征。所有学生都把习题写在草稿本上。笔记本在这里代替了黑板，没有人被叫到黑板前做题。教师仔细观察每个学生的解题方式。如果教师需要确定学生对推导的公式理解有多深，便让学生解释他在做什么、目的是什么、解题方式等。

这时，不必叫学生起来回答，但每个人却又像被叫到黑板前做题那样去思考。教师在学生完成作业的任何阶段随时都可以让整个班级或部分学生把作业停下来。这种工作方式的优点在于，首先，不需要学生大声复述他所掌握的知识，就可以进行知识测试，教师又能够大致了解学生的知识状况。同时，每个学生都可以完全独立地解题。这里还有两点很重要：第一，知识的检测就是积极地去运用它。第二，教师有机会细心监督困难学生的学习，并考虑到他们的个人能力和可能性。我们学校三至十年级检查作业时，所有学生都使用草稿本。否则，我们现在将无法检查作业。经验证明，这种检查让学生养成了简明扼要表达自己思想的习惯，防止死记硬背。想要死记硬背的学生，永远不可能简明扼要地回答问题，说出要点。我们的作业检查可教会学生边读、边记、边思考。

如果用对新事实归纳出的新概念对现存的概念（规则、公式、规律、结论）知识进行检测，将大大提高知识检测时脑力劳动的效率。我们学校低年级时，一般不在上课时专门抽出时间来进行知识检查，知识检测通常与知识的深化、发展和运用相结合。例如，要检查学生对句子的主要和次要成分、主语和谓语之间的语法联系及主要成分和次要成分的语法关系的定义掌握的情况，教师会让学生们打开他们的学习笔记，并布置一道实践性的习题：造6个句子，其中"道路"一词在句中以主格和其他各格的形式出现，确定主要成分和次要成分之间的语法联系。对于那些很快就做完习题的学生，就再布置一道题：造三个分别带有一个、两个、三个同等谓语的句子。在做这项实践性作业的同时，学生运用知识并加深了理解。不要把给学生评分作为知识测验的唯一目的，要让评分尽可能多地与其他目标相结合。首先是与知识的进一步理解、发展和加深相结合。不要走极端，对每个答案、每一份书面作业都评分，这样会起到反效果。至于为什么会那样，需要特别说明。

17 评分应当有分量

我们绝不能让知识评定作为某件单独的事情而脱离教学过程。当教师与孩子之间的关系建立在相互信任和相互关心的基础上时，评分才能成为一种激励，促使学生积极进行脑力劳动。或者说，评分是一种最微妙的教育工具。根据学生如何看待教师给打的分数，就可以正确推断出他是如何对待教师，对教师信任和尊重的程度。

关于知识评估，我想提一些建议。

让评定次数少一些，但要使每次的评定更有分量、更有意义。在漫长的教学生涯中，我教过中学教学计划的几乎所有科目（绘画除外），而且我从来没有在一堂课上给学生的回答打过分（即使有两个、三个甚至更多的问题）。我总是给学生某一段时间的学习打分，包括多种学习项目，如回答问题（可能是多个问题）、补充同学的回答，以及书面作业（少量的）、课外阅读和实践性作业。我定期研究学生的知识状况，他也感受到了这一点。

时间到了，我就说："现在我该对你打分了。"学习知识的下一阶段将要开始后，学生就知道：没什么能逃过我的注意力。有一些读者可能会有一个问题：难道你能记住所有的吗？

也许有人觉得很难记住与学生的脑力劳动有关的一切，但我始终认为这是最重要的。如果忘记了值得注意的事，难道可以边教学边教育，边教育边教学吗？

如果学生由于某些条件或情况而无法掌握所学知识，我从不打不及格。没有什么比意识到自己没有希望、没有能力更能让孩子感到压抑的了。灰心丧气、郁郁寡欢这类感觉会严重影响学生的整个脑力劳动，使他的大脑似乎处在麻痹的状态。

只有光明乐观的感觉才是一条注入思想之河焕发生机的小溪。沮丧抑郁会导致管理情感冲动、思想情感色彩的脑皮层下的神经中枢不再促使理智去发挥作用，相反，把理智禁锢起来了。

我总是想让学生相信自己的力量。如果学生想知道但不能，则有必要帮助他至少向前迈出一小步，这一步将是思想情感动力——学习乐趣的源泉。永远不要着急给一个不及格的分数。

要记住，成功的喜悦是一股强大的情感力量，孩子想实现当一名好学生的愿望就依靠这股力量。要确保孩子的这股内在力量永不消退。如果这股力量没有了，任何教学方法都将无济于事。

如果你发现学生对知识掌握得含糊不清，或者他们对所研究的事物和现象的想法含糊不清，那就不要做任何评价。在每个班里，我都对部分学生的精神生活进行了细致的研究，通过他们的眼睛我就可以看出他们是否理解我问的问题。如果学生的眼神说他还没有准备好回答，我根本就不会进行知识评估，因为最首要的是让学生了解知识。

应该避免提出只是要求完全精确地重复教师讲解过的知识或者从书上背熟了的东西的这一类问题。在教学过程中有一件非常有趣的事情，我把它称为知识的转化，指的是对知识的理解不断深化。由此，学生每次回到自己以前学到的知识时，都能从现实、现象、规律的某些新的方面、特点和特征加以考察和分析。知识的转化应作为复习的基础。关于这一点，我想单独作为一条建议提出。

18 教学之母不应成为继母

民间教育学断言，复习是学习之母。但是，善良的母亲经常成了邪恶的继母。这种情况是，当学生在一天或几天里被迫做完几周、几个月所做过的事情，例如重复学习十节、二十节或更多节课学过的教材。大量的事实和结论落在学生的肩膀上，让他脑子一团乱。

要知道不仅要复习一门学科的教材，还要学习其他学科！这让正常的脑力劳动变得不可能，弄得学生筋疲力尽。究竟如何正确地组织复习？首先，我建议考虑学科特点和具体的教材。例如在九年级时，复习几节物理和复习几节历史是大不一样的。

经验丰富的教师在布置复习像物理、代数、几何、化学这类课的规则、定律、公式、结论时，以完成实践性作业为主，如做练习、做习题、绘图、制表等。这里，教师应特别关注的是，要让学生为了完成一项实践性的作业，需要掌握两种或两种以上概括性的知识。当完成这种实践性作业时，对智力发展非常必要的知识转化过程就会发生——对概括性的真理在相互联系和相互依赖性方面进行了重新的思考。

学生从他以前所不知道的一个新的角度来考察事实、事物、现象。例如，一位数学教师为了复习布置了很多习题，学生边解题边理解边复习，既复习了几何图形的体积，又复习了三角函数。

多年的经验表明：如果一个理论总结跟另一个理论总结有关联，在知识的转化上似乎会有一个飞跃：这两个原理都得到了更深刻的理解，学生在理论概括中看到了他以前从未见过的东西，对一个结论清晰地理解似乎会让另一个结论变得更加清晰。像代数、几何、物理这类学科，我建议采用我们学校优秀教师实际工作中所谓的综合复习法。这种复习方法可以是多样化的。

例如，给每个学生的任务是制作一个几何图形模型，借以复习一系列重要公式。或者学生根据教师布置的作业，制作能显示几个定理的几何图形的示意图。

人文学科，例如历史、文学的复习则性质不同。复习七八节课所学习的内容意味着要阅读四五十页。这里当然不能用学习教材式的方法来复习。当复习数量庞大的材料时，必须撇开原材料，应明晰主要部分，弱化次要部分。

如果学生复习时连续不断地反复阅读所有内容，则会负担过重，而且最主要的是，材料的中心思想会被学生忽略，对他们的教育作用大打折扣。我们需要教孩子们脱离材料——抛开细枝末节，仔细研究主要内容。要单独用几节课的时间来复习历史、文学科目的主题和章节，向学生展示如何在不通读全部材料的情况下复习。

与课堂上（以及在家中）复习的材料"有牵连"的知识面越大，对材料的掌握也就越深刻。教导自己的学生，尤其是高年级学生，要抛开次要的内容，将注意力集中在主要内容上。这种能力是形成世界观的基础之一。

在数学、物理、化学、生物学的教学中，我一直遵循一个重要的原则：我认为，在每门课的笔记本上，要在专门留出的空白处，用红笔记下应永远记住的内容。学生翻阅笔记本时，可以复习些规则、公式、定律和其他总结（数学和物理课每周复习一次，化学课每两周复习一次，生物课每三周复习一次）。

19 如何批改作业

"批改作业本会占用所有的业余时间。"这是一位教师在信中所讲到的。或许成千上万的教师会同意这句话。看到一堆需要检查的练习本时,不止一位教师的心在颤抖,不仅是因为这需要花费大量的时间,而且令人苦恼的是,这是一种单调的、非创造性的劳动。

教师和人民教育工作者都想要努力减少检查作业本的时间,但都是"徒劳无获"。

为什么?因为学生作业本上的错误很多。作业本的批改问题,取决于很多条件和前提。这里不可能有哪条建议说"你那么做"就可以解决,但是如果整个学校和教师集体遵守几条固定的要求,仍然可以在检查作业上少花三分之二的时间。

首先,学校应具有较高的语言文化素养,充满着对语言极度敏感的氛围:说得不正确或写得不正确,不仅是对教师,甚至是对小学生来讲就像是听音乐跑调时一样。给低年级教师的建议:要培养孩子对语言感情色彩的敏感度。要让学生感到语言听起来像是在听音乐一样!形象地说,学生应当成为语言的音乐家,珍视语言的准确、纯净、优美。带领孩子们走进大自然,向他们展示颜色、声音、动作的最细微的色彩,向他们展示人的劳动就像是在创造,并将这一切都体现在言语表达中。

我们设置了专门的课程,用来学习像黎明、傍晚、草原、田野、河流、潺潺、忽闪、轰鸣等词。我和孩子们一起用这些词作文章。词语深深地渗入孩子的精神生活,他学习用语言表达最细腻的感觉,传达对周围世界的印象。

这是一门掌握起来并不轻松，甚至可能是最复杂的科学。而且这门科学的基础知识是在小学时期奠定的。小学的漏洞，是永远弥补不上的。要让学生的学习从书本和思想上落实到行动中，然后再让学生从实践中总结思想，进行语言表达。活动应转化为学生自己的思想，并应当用语言表达出来。

实际上可以归结为以下几点：让学生的思想和判断力尽可能地成为他自己的活动。让你们的学生叙述、议论、报告他自己的所见所闻。当这些话与他本人的所做所见、所思所想无关时，他们就会在言语上感到困惑。

应该给学生布置作业，让他进行叙述、总结、报告，让他将现有知识得以运用。这意味着，让语言成为创作的手段。为什么学生会犯许多错误？为什么学生写得不通顺？在我看来，祸根在于能力和知识之间不平衡。在大多数课程，尤其是语法、规范阅读、数学这类课程的学习体系中，能力落后于知识。

当旨在"服务于"知识的能力"薄弱"不足时，知识便成了一种沉重的负担。减轻批改作业的负担和教学中一系列根本问题相联系，但是要减轻这种负担也有一些先决条件。

第一，在每堂语法课上都要抽出时间来书写和记忆那些可能会犯语法错误的单词。第二，为家庭作业的完成做好细致、周密的准备工作，以防出错。第三，有经验的语言、文学、数学、物理教师都有自己批改作业的方法。经验表明，最合理的方法是定期抽查：教师不时拿几个学生的作业本来看，只有测验时才全面批改所有学生的作业。

20　学生在学习课程时积极活动的内容

在开始给学生上课之前，有经验的教师会拟定出自己的学生在整个课程学习期间（在小学里则是整个教学周期）的积极活动内容。目的不仅是要养成学生生活和劳动所必需的实践能力，而且要让学生在课程学习体系中开展积极活动，首先是智力培养，发展思维和言语。

我们已经说过，学生的读写能力及思想上的语言表达很大程度上取决于学生积极活动的性质。如何组织学生的积极活动，以促进他的智力发展，发展思维和语言能力，提高读写能力？积极的活动就像连接言语和思维的桥梁。

在为小学教课做准备时，我为所有学生拟定了一种积极活动，活动中学生清楚地表达了，当然也理解了客体、现象、劳动过程之间的关系及相互联系。换句话说，我努力地让学生的思想在劳动中产生，而不仅仅是巩固在课上所学到的知识。

学习课程时的活动，应该不仅仅是举例来说明知识（这也是必要的），还应该是新的真理、发现、规律的源泉。例如，每个学生在学习期间都会培植一棵果树。同时，他有了越来越多的"发现"，新思想让他激动不已，他把这些思想表达出来。词语成了一种手段，一种表达个人在劳动中所发现的关系、相互联系的工具。这些词语被纳入了词库中，并促进了情感和思想的表达。

透过数百名学生的例子我确信，学生对有意思的劳动感兴趣，在劳动中不断有新的关系和相互联系被发现，就不可能产生杂乱无章的思想和因循守旧的言语。因为学生不仅在劳动，还在思考、讨论因果关系，计划未来的工作。

我一年比一年更加相信，清晰表达思想的积极活动会促进言语的发展，并提高学生的整体素养。应该说，劳动只有在学校开学第一天就组织，并且合理地进行，才能在智力发展中发挥作用。我们学校里的每一位中高年级教师，备课时都为学生们拟定这样的积极活动，来培养学生的智力，丰富他们的概念和规律。我坚信，如果没有人与自然的相互作用，智力的发展是不可想象的。就像没有旋律就不可能有音乐，没有词汇就不可能有言语，没有书籍就不可能有科学一样。在生物、物理、化学、数学等学科的学习体系中，劳动与思想的统一、活动和语言的统一是学校作为思想中心得以发展的重要基石之一。

在为教这些学科做准备时，有经验的教师会思考通过什么样的方式，在哪些劳动中能揭示那些在学科体系中思维所依据的关系和相互联系。例如，物理教学体系中的主要关系和相互联系，主要包含在物质、能量、运动、能量转换、状态变化、现象相互作用等这类现象和概念之中。物理教师便寻找机会组织一种劳动，通过这种劳动把这些概念体现在具体关系中。例如，布置给一个学生的作业是做出设备的基本模型，在该模型中，机械能可以转换为电能，而电能则转换为热能。

另一位学生则研究另一种模型，模型中机械作用可以使物质状态发生变化。这种劳动不能简单说是举例来说明知识，而可以说成是知识在起作用。我建议教师们：如果你们想让你们的学生成为善于思索的人，想让严谨的、清晰的、逻辑性强的思想能通过清楚的解释说明表达出来，那就把他们吸引到饱含思想的劳动中去，通过劳动来体现知识体系中的关系和相互联系。要记住，劳动不仅是与实践技能和技巧。最主要的是智力发展，思维和语言的修养。

21 教学生注视和观察

应该说，某些学校不把观察当作一种积极的智力活动、一种发展智力的方法，而是当成例证某些题目、章节的一种手段。教学工作的技能在很多方面取决于观察在学生智力发展上处在什么样的地位。不仅从观察中可以获得知识，而且知识还存在于观察中。可以说通过观察，知识得以流通，并在劳动中作为工具得以运用。

如果说复习是学习之母，那么观察就是理解和记忆之母。留心观察的学生永远不会成绩不好、文理不通。善于帮助学生利用之前所学不断进行新的观察的教师，能够达到这样一种效果：学生的知识越陈旧，知识掌握得就越牢固。

低年级的孩子需要观察，就像植物需要阳光、空气和水分一样。这里，观察是智慧能量最重要的来源。孩子需要理解和记忆的越多，就越需要看见在周围自然环境中、在劳动中的关系和相互联系。在培养低年级的学生时，我教他们在普遍现象和事物中发现不平常的东西，在回答"为什么"的问题时寻找和发现因果联系。

二月，严寒的冬季，但却是阳光明媚的一天。我们走进一个寂然无声白雪皑皑的花园。我对学生们说："孩子们，仔细看一下你周围的一切。你们看得到春天要来临的最初迹象吗？你们即便是再不细心，也能注意到两三个特征，而那些不仅会看而且会思考的人，能发现几十个特征。谁要是会听大自然的音乐，谁就能听到春天苏醒的最初旋律。看吧，听吧，思考吧。"我看到，孩子们是多么仔细地注视着白雪皑皑的树枝、树皮，听着大自然的声音。每一个小的发现都让他们高兴不已。

  每个人都想有某种新发现。然后，过了一周，我们又来到花园，然后一次又一次地每过一周我们就来，每次在好奇的孩子眼前都出现某种新的事物。在低年级有过观察经验的学生能够清楚地区分可理解和不可理解的知识，并且难能可贵的是，会积极地对待词语。教师从学习过观察、善于观察的学生那里经常听到一些充满智慧的、出乎意料的、"令人深思"的问题。

  要教学生观察和发现周围世界的现象。在大自然发生急剧变化的时期，带领孩子们走进大自然——生命在苏醒，生命的内在活力得以更新，强大的生命能量在积蓄。学龄早期的观察训练是智力发展的前提。

22 如何通过阅读来发展知识

在学龄中期和后期阅读科普读物及学术性著作，可与学龄早期进行观察起到同样的作用。善于细看和观察的学生养成了对学术著作的敏感性。如果不经常阅读文献著作及科普书籍，是不可能产生对知识的兴趣的。如果学生一步也不超出教科书的范围，就不会对知识有持久的兴趣。

科学正在以前所未有的速度发展，但是不可能经常把不断出现的新概念和规律写进中学教学大纲里。因此，阅读科学文献成为学习过程中最重要的组成部分之一。要善于激发起学生阅读科学文献的兴趣。为此，在说明新的教学大纲时，应该用大纲以外的知识火花来阐明某些问题。有经验的生物、物理、化学、数学教师在讲课时，就好像为广阔的科学世界打开了一扇窗，留下一些知识不完全讲透。学生发现超出教学大纲必修教材界限的可能，畅游在无边无际知识的海洋中的前景让他激动不已——这正是促使他们去阅读的动力：少年、青年男女都想要获得知识。

在学校图书馆或者个人藏书阁中，教师应拥有能够学习教学大纲知识的书籍。许多这样的书已经大量出版并且很多都还在出版。阅读专门针对现代科学前沿问题的文献和科普类书籍尤为重要。

这些读物阐明了学校的基础知识。阅读具有特别大的意义，因为它巩固了教学大纲中最难懂的章节知识，这部分章节又影响到其他章节知识的理解。有经验的教师会努力把阅读科普文学放在这部分难懂的章节学习之前或同时进行，或紧跟其后。学生还没有学习量子理论的基本概念，但却在这方面读过很多书，尽管还有很多知识不了解，这也没什么可怕的。学生提出的问题越多,在学习新教材的过程中,对课程知识的兴趣就越浓。总之,这是一个非常有意思的教学法问题,是课堂学习教材之前问题积累的过程。

23 阅读是培养"困难"学生智力的重要手段

这里的学生指的是那些理解、领会、记住教材内容很困难、很缓慢的学生：一部分内容还没理解，就又要开始学习另一部分内容；一部分知识背会了，而另一部分知识又忘了。有的教师坚信，要减轻这类学生的学习，可以尽可能缩小他们脑力劳动的范围（有时教师对学习成绩不好的学生说：只读教科书就行了，不要分心去读其他东西）。

这是一种完全错误的观点。学生学习越困难，在脑力劳动中遇到的困难就越多，他需要阅读的内容就越多：就像感光度弱的胶卷需要更长的曝光时间一样，学习成绩差的学生的智慧也需要更加明亮和更长时间的科学知识的光辉来照耀。

不是补课，不是无休止的"赶鸭子上架"，而是阅读、阅读、再阅读，这在学习困难学生的脑力劳动中起决定性的作用。

伊·古·特卡钦科是来自基洛夫州波格丹诺夫中学的优秀数学教师，在他那里没有成绩不好的学生。他的创造性劳动有一个显著的特征，就是巧妙地组织阅读，这里我们所讲的阅读，是可以提高智力的阅读。在伊·古·特卡钦科所任教的五至十年级的每个年级都有些学生，假设没有一个好的图书馆，馆内收藏不到一百本书，书上没有用明亮的、引人入胜的方式讲述着世界上最有趣（在他看来）的科学——数学，就永远不会学得好。在开始学习方程式之前，学生阅读了几十页有关方程式的材料。这首先是关于方程式构成民间益智游戏难题的有趣故事。重点不仅在于阅读可以使学生摆脱成绩不良的状况，而且通过阅读可以发展他的智力。"困难"学生读得越多，他的思想就越清晰，他的思维能力就越活跃。让成绩差的学生进行专门的思考、预先有组织地阅读科普文学，是教育者最应该关心的问题之一。实质上，这是学校生活实践中所谓的对落后学生进行个别辅导的主要内容。

24 不要让能力与知识失去平衡

能力和知识之间的不平衡在于，学生还不具有掌握知识工具的能力，而教师又不断地教给他越来越多新的知识。"掌握吧，别放过"，那样的学生无论如何都像是一个没有牙齿的人：被迫吞下未咀嚼的碎片，首先感到不适，然后生病，什么也不能吃。

上面我已经谈到过，许多学生无法掌握知识，因为他们不会流畅而用心地阅读，不会边读边思考。这是最可悲的失衡。会快速而用心地读——既会朗读，又会默读，这不单单是一种基本素养，还是在课堂上以及在独立阅读时真正进行全面的逻辑性思考极为重要的条件之一。

不能流畅而有意识地阅读的人，无法成功地获取知识。流利而有意识地阅读意味着用眼睛和心灵去领会句子的一部分或不长的一整句内容，将视线从书本上移开，能说出记住了的内容，同时还进行思考——不仅思考正在阅读的内容，而且还包括一些与所读材料有关的材料、画面、形象、观念、事实和现象。

在小学阶段就应让阅读达到那样完善的水平，否则，就做不到用心地掌握知识。不仅如此，努力掌握知识而不具备快速阅读的能力会让学生的思维能力弱化，造成思维混乱、不连贯、零散、浅显。也许你们遇到过一些五六年级的学生，就像人们说的那样，他们不会把两个单词连在一起。

我逐字记下了这些学生的讲话，并对其进行了分析，发现它是脱离上下文的独立单词，相互之间没有任何联系。学生完全不会把自己的认识用语言表达出来，说起话来语无伦次，让人摸不着头脑。

多年来，对这些可悲事实的研究使我得出这样的结论：意识上形成的口齿不清（我是这样称呼这个缺点的）是由于无法用心流畅地阅读，不会边读边思考。许多单词不理解，原因很简单，是因为孩子来不及好好地阅读和领会这些词的含义，更无法在意识中把他们同相应的概念联系起来。学生不会用心流畅地阅读，就来不及思考。不经过思考的阅读会让孩子的头脑变得迟钝。如何让孩子做到快速地用心阅读，通过视觉和思维就能快速地领会到含义相关的一整串单词？为了做到这一点，需要系统的练习。那么，是通过什么样的方式检查阅读的流利度和用心程度呢？学生在（第一次）读童话或短篇小说时，比如有关原始人生活的故事。在他眼前的黑板上，挂着一张明亮多彩的图画，上面画着原始人的生活情景：烧火，准备食物，钓鱼，以及儿童游戏和做衣物等内容。如果学生——我们这里谈论的是三年级学生——在大声朗读故事的同时无法将视线从书本上移开，以致在阅读快要结束时也没能好好地看一下图画，并记住那些故事中没有提到的细节，便说明他不会阅读。在阅读过程中什么都理解不了的学生，实质上不会边读边想，而这当然不能称作是在用心阅读。在学习的某个阶段，学生必须掌握快速写作的能力，能边写边想。如果缺少这种能力，则会造成另一个不平衡。这项快速写作的技能也要通过足够的练习才可以掌握。写作过程必须达到自动化的程度，让学生不再考虑如何将字母连接成单词，将要书写哪个字母，重点应放在所写的内容上。但是书写的自动化取决于阅读，那些阅读不好的学生书写也不会流畅。

按照这种方法进行练习，有助于提高快速而且用心书写的能力。教师给孩子讲述一些自然现象、事件、劳动过程；在讲述中明确强调有逻辑关系的组成部分，每个部分都有主要部分以及与之相关的细节和详情。在讲述时，学生们按照教师阐述材料的顺序把主要内容记录下来。如果没有边听边简短记录讲述的内容（讲义、说明），那么学生就不可能掌握知识。在许多情况下，学习落后恰恰是因为学生这种基础性的而又十分复杂的能力不足。这一能力的作用不仅限于实际应用，它是智力发展的必要条件。和缺乏边读边想的能力一样，没有这种边听、边写、边想的能力，发展知识是不可能的。成功掌握知识很大程度上取决于一项非常重要的技能，即选择、系统整理和分析事实的能力。有经验的自然科学类学科教师以及语法教师要注意，避免让学生的思维局限于教师在阐述解释讲解中所引用的事实而使知识和技能之间出现失衡。这种失衡会导致：知识无法得以灵活转化，在学生脑子里形成负担，不被用来解释新的事实。

这就产生了我所谓的知识僵化。处在那样状况下的知识，就可能出现乍看起来非常奇怪的现象。例如，学生记住了四种物质状态的概念，但是在生活中，他不注重用大量事实从新的侧面解释这一概念。当检验知识时，学生面对物质从固态到气态转变的事实，但他却在生活中随处可见的事实面前茫然失措，无法理解和解释其本质。为了能够有意识地将概括性的理论应用于生活实践，就必须独立收集大量事实，对其进行理解、系统整理、比较和分析。收集和处理事实本身就是一种知识状态，是一种流动性状态，指的是从课堂上获取的知识体系中有意识地选择所需要的规律、特征和定义。使知识达到这种状态如此重要！多年的教学工作经验使我深信，收集和处理事实是一种特殊能力，它能使知识不断发展，而这种发展十分独特：学生不仅分析自己周围的事物，而且还会分析自己的想法。收集和处理事实时，学生走上了自我教育的道路。该门课程体系内的事实特征，在我看来是一个十分重要的教学法问题，同时它也是一个普遍的教育问题。从看待事实的角度分析大纲，形象地说，是思想飞速发展的动力。要想想选择哪一部分事实在课堂上讲，哪一部分留给学生，让他们去收集和整理。要为收集事实这一过程本身提供指导，教学生如何对事实进行思考。

25　兴趣的奥秘在于什么

每个教师都希望自己的课堂可以让学生感兴趣。如何让课堂变得有意思？所有的课程都可以让人感兴趣吗？兴趣的源头是什么？课进行得有意思，这意味着学生在学习和思考的同时，还伴随着兴奋和激动的感觉，惊异于发现的真理，意识到自己智慧的力量，体会到创造的喜悦，为人的智慧和意志的伟大而骄傲。认识本身就是一种最令人惊讶、诧异和感到神奇的过程，它能激发出鲜活而持久的兴趣。

事物的本质，它们的种种关系和相互联系，运动和变化，人的思想，以及人所创造的一切，都是无穷无尽的兴趣源泉。但在一些情况下，这个源泉就像潺潺的小溪映入我们的眼帘，走近一看，眼前会展现出一幅充满大自然奥秘的美妙画面。而在另一些情况下，兴趣的源泉隐藏在深处，需要竭力寻找，而且"接近"和"挖出"事物本质及其因果联系的实质这一过程本身经常就是主要的兴趣源泉。

对知识感兴趣的第一个来源、第一个火花，是教师课堂上对讲解的教材以及所分析的事实的处理方法。真理的知识产生于学生的意识之中，来自于认识了事实和现象之间的接触点，认识了联结这些事实和现象的线索。在备课时，我经常努力思考和领会的正是那些接触点和线索，通过想法连接而揭示出某种对真理和周围世界的规律的一些新的、意外的东西。例如，下节课将探究植物的根系及其在生命过程中的作用。学生已经看过无数次植物的根了，在教材中似乎没有什么让学生感兴趣的东西了。但是兴趣就是了解隐藏的、第一眼看不见的知识。我给孩子们讲述，最细小的根毛是如何从植物所需的土壤中获取所需要的营养物质的。我把注意力放在某个事实的接触点、联结点上，即土壤中没有一刻是停止生命活动的，土壤深处的生命不论是夏天还是冬天都不会消逝；数十亿的微生物都好像在为众多的根毛服务，没有这种复杂的生命活动，树木便不可能存活。"仔细看啊，孩子们。"我说道，"对于这种复杂的土壤生命活动，仔细想想，它是如何依赖于周围环境获取营养物质的。你们面前呈现着生物和非生物之间的相互作用。"非生物怎样为生物提供建设材料——这就是事实的凝结点，我阐明并集中注意力在这一点上，便是在学生面前揭示出某种新东西，促使他们对大自然的奥秘感到惊奇。青少年越是被这种感觉吸引，他们就越想知道，思考和探索的也就越多。

兴趣的来源在于对知识的应用，在于体会智慧能影响事实和现象。人的内心深处有一种根深蒂固的需求，即觉得自己是发现者、研究者、探寻者。在孩子的精神世界中，这种需求尤为强烈。但如果不向这种需求提供养分，不主动去接触事实和现象，不体验认知的乐趣，这种需求就会逐渐消失，探求知识的兴趣也与之一起消逝。我认为，不断鼓励支持并加深学生想成为发现者的愿望，并通过特殊的工作方法实现他的这一愿望，是一项十分重要的教育任务。

在课堂上激发起学生对土壤中不能直接观察到的过程产生了兴趣之后，我们便来到田野，以便专门考察土壤的剖面情况。孩子们惊奇地观察着小小的禾本植物两米长的根。这对孩子们来说是一个真正的发现。但实际上，他们还只是刚刚踏上发现者和探寻者的道路。我把几种草地和荒地上的植物的根展示给孩子们看，其中许多草根乍看起来像是完全枯死了。我们栽种这些草根时，它们连一根根茎都没有，可是它们居然复活了，长出了新芽，变成了青草。葡萄藤的根也生长发芽了。这让孩子们高兴坏了。他们的求知欲变强了，变得不停歇了。他们体会到人所具有的无比的自豪感，认为我们主宰着事实和现象，知识在我们的手中变成了力量。感到知识的力量使人变得高尚起来，很难找到比这更能激发求知欲的刺激因素了。让掌握知识的过程不折磨学生，不把他弄得筋疲力尽、对一切持冷漠态度，而是让他充满喜悦是多么重要啊！当然，当学生通过不断研究、发现某件事物，并抓住具体的事实和真相时，其主宰知识的感觉会被更为强烈地激发出来。不过，纯粹的思维活动，通过思考对材料进行概括和系统整理，也会带来愉悦的感觉。

　　对于读过许多书的学生来说，课堂上所学的所有新概念、新现象都被纳入了他从书中汲取的知识体系中。于是，课上所讲的科学知识便具有特殊的吸引力：这种知识被视为必不可少的东西，有助于掌握"头脑中已有"的知识。

26 要和学生的思想做斗争，赢得他们的内心

在有优秀的数学教师授课的学校里，学生们喜爱的、最感兴趣的课程便是数学。许多学生的卓越的数学才能便会得到展现。如果一个有才华的生物学家来到了学校，那你看吧，过两年，学校里最受人喜爱的课程便是生物学，会涌现出十多个有才能的少年生物学家，他们非常热爱植物，痴迷于在学校地面上进行试验和研究。

课程的讲授仿佛成了教师之间为了和学生的思想做斗争，赢得他们的内心而展开的良好竞赛，在这种学校里，智力生活是关键。这种竞赛是教师集体从事创造性劳动的整个方面，表现为每个教师都努力激发学生对自己课程的兴趣，增加自己课程的吸引力。我们可以设想，一个刚开始读四年级的孩子落到了一个教师群体手里，这些教师全是才华横溢的人，至少是那些对自己的学科充满爱的人，都善于燃起学生对自己那门最有趣的学科的爱恋之火。在这种情况下，每个孩子的天赋一定会显露出来，产生爱好、能力、志向和才干。

在这里我们便进入了教学过程的一个最有趣的领域，这个领域在许多学校的实际工作中还是未经考察的处女地。教学的教育作用方面，我坚信，首先表现为每个学生，形象地讲，在科学基础知识的和谐乐队中，都能找到自己喜爱的乐器和自己喜爱的旋律。没有对具体课程、对具体科学知识领域的迷恋，就不会有智力充沛和精神丰富的个人生活。

你要把自己的荣誉当回事，让学生认为你所教的课程最有趣味，让尽

量多的学生如渴求幸福一样渴望在你向他们讲述基础知识的这门科学领域里有所创造。要和学生的思想做斗争，赢得他们的内心；要和自己的同事（其他课程的教师）比赛。比如你将要给八至十年级的两百名学生讲物理，他们全是你的学生。但是，你还要有"我的学生们"的另外一种概念。

你们应当有十个或更多自己的学生（也可能少些，五六个人的情况也有，没什么不体面的），这些年轻人永远把自己的心献给物理研究，坚决把自己的生活跟技术领域、科技思想领域的工作联系在一起。除此之外，你还应当有另外的十个学生对物理感兴趣，就像人们常说的，还是刚刚"萌发"的，其中有些人将来会爱上你的这门课程，也有些人会在其他知识领域的某个地方找到自己的"金矿"，在生活理想的发展上没有什么东西比形成志向更复杂的了。

你教两百个学生，把基本的学科物理知识牢牢地教给他们所有人，这只是你工作的一方面。但不要忘记，你还肩负着教学创造活动的另一方面，就是关心那些喜爱物理这门科学的青少年，让他们树立对物理方面（技术、机器、机械、科技）的志向。物理作为一门科学，课堂上所能了解到的，只是这门科学的初步知识。

在学校里你应当有自己的学派——青少年物理学家学派。所有人应该怎样做呢？这里最重要的是什么？从哪儿开始着手？当然，你们学校里应该有物理研究室。你们每天都会在那里待个把小时：要么研究书本，要么尝试着"草拟"即将进行的实验室工作，要么用心思考仪器的图样或模型。我可以告诉你，我若处在你这个位置，会在这时候做些什么。我会把瓦尼亚、科利亚、根卡、斯拉夫卡、佩特尔、萨沙等已对物理感兴趣的青少年请到办公室来。

有些八年级学生，甚至七年级学生也会来这儿，他们还没有迷上我教的这门课程，但我发现，当我讲述反粒子和光子火箭时，他们睁着发亮的眼睛，想伸手去触碰关于核物理的有意思的书籍。我的物理研究室里有一个角落，我把它叫作"思维之角"。墙上有法国著名雕刻家罗丹创作的版画《思想家》，而在柜子里有少量藏书，是关于科技最新问题的图书和小册子。这些东西是引导青少年学生超越教学大纲而奔向未知的远方的星星之火。

27　如何调和思想和公民尊严

这也是我们教学工作中非常微妙的问题之一。如何让学生为自己的表现感到骄傲。

我坚信：实现这一目标的方法是——让知识和精神财富成为学生个性的自我表达。教师们应从学生低年级起开始进行此类的教育工作。在培养小学生时，我一直秉持着这一原则：每个学生都必须为集体精神生活做出自己的贡献。学生应当将自己的知识、思维、技能特长视为一种荣誉、一种尊严。但这不能仅通过以下方式实现：当这个学生教课，整个学习小组就会明白；当这个学生回答问题，他的学习小组就会倾听。对于一年级学生，我们可以从这儿着手：创办一个集体创作的画册，取名为《晨曦》。春夏之时我们有早起的习惯，在黎明中走进花园，走到池塘边，迎接日出。给每个学生分配一页纸（两到三页也可以）——画出你在大自然中喜爱的东西，并写下几个字或一句话，"但这些文字要像一首动听的歌曲"——我们这样形容。每个孩子几乎都想画点、写点好东西。一幅生动的画和精彩的文字是学生们公认的荣誉的事。我至今还保存着这本画册。在学生二年级时，我们在冬日的黄昏中创作并编写了故事集和童话。每位学生都讲述了生活中发生的事情，或者他梦想的、幻想的东西。很难用文字表达创作前孩子们对想象力、表现力巨大的兴趣，每位学生都感受到了一种来自精神上和道德上的尊严。

从此，每年智力和精神财富的交流更加确定了孩子们之间的关系。在三年级和四年级时，我们举办了"读书之夜"：孩子们讲述他们所读书籍的内容并大声朗读，还朗诵了诗歌和小说摘录。这已经成为智力和技巧之间的独特竞赛。

从五年级开始，我的学生们积极担任了学龄前儿童和一、二年级学生的智育辅导员。12 个五年级学生带领诗歌创作小组。每个小组中有 5 到 7 个孩子，五年级的学生教他们写关于自然的小作文，给小朋友们读他们自己的作文和诗歌。这使得作为学长的大孩子们的尊严感得到了肯定。

一些四到五年级的学生担任了一到三年级学生数学小组的组长。孩子们用"机敏"解决了难题并完成了任务。在整个学习期间，五到八年级的学生们也负责外语学习小组，教一、二年级的学生学习法语阅读和会话。

在八到十年级时，每位小教师要在科技之夜进行汇报或报告展示。我们国家每个少年都认为竭尽所能地多准备这种汇报或报告展示是种荣幸。

上述所有形式的工作旨在让学生把体验知识和精神生活，作为一种道德尊严。如果教师对孩子的教育让孩子对书本的态度是无知和冷漠的，那这就是道德沦丧。

28 知识与社会参与

在农村地区，学校是文化和知识的主要基地。作为教师我们感受到了非常重要的教育任务，确保将发展和深化知识的过程列入农村的社会生活中。教育培训的最基本特征之一是为参与者准备启蒙教育工作。我们的高年级教师为自己的学生们准备了这场社会公益活动。村子里大约有2000户家庭，分布在180个文化基地。文化基地的中心是集体农庄的农舍之一。这里不时聚集着集体农民和工人。有3~4名高中生来到这里举办列宁读书会、自然科学知识之夜和文学作品之夜。

共青团学生不仅是将自己的知识传授给人们，更像是向老一辈汇报成果。青少年们不仅要传授自己的知识，而且还必须说服他们，常常与反科学的观点做斗争。团员学生遇到了对周围世界的事物和现象的错误观念，有时甚至是迷信、无知，他们要做的不只是否认："不，事实并非如此。"我们教导自己的学生用科学的方法说服对方、消除宗教和反科学的偏见，对一切违背真理的事物保持强硬态度，但要记住，反科学的观点和信念深深植根于个人的思想中，要想加以消除，就必须有很多的知识和技巧，还要有坚定的信念。在绝大多数情况下，我们的学生能够克服启蒙教育任务重的困难，而失败的经历则进一步增强了他们学习科学的决心，激发了他们对知识的渴望。

在将知识传授给他人的过程中，学生会对自己有了更深的了解，出现很多问题，他会试图挖掘最微妙的"曲折"想法，以及隐藏的因果关系。公共启蒙教育工作是运用发展知识最积极有效的方式。年轻人相信真理，为了主张、坚持和捍卫真理，就需要进一步拓展和加深自己的知识。怎样才能使青年人渴望学习？如果学生认为知识仅是"属于自己的价值"，如果知识没有获得道德上的色彩，知识没有让学生体验到喜悦、荣誉、财富和自尊，那么这个目标将永远无法实现。

29 如何按季节安排学生的任务

这是与学生的身体发育和健康状况及其全面发展有关的重要问题之一。一年由不同的季节组成，每个季节中，人体的生命活动方式也不同。例如，众所周知，春季人体的免疫力会减弱，而到了秋天，人体的免疫力会增强。考虑这些周期性波动对于学校是特别重要的——因为我们面对的是一个成长的、发育中的有机体，一个正在发育的、常常受外部环境影响的大脑。春季所进行的学习和脑力活动，尤其是小学的低年级，应该与秋季教育完全不同。

在低年级，我提倡以这样的方式安排学生一年的学习任务，以便大约在第三学季中旬（二月底）基本完成对语法和算术最重要的理论知识的学习。在最后一个学季，即春季的脑力劳动应基本包括那些能够发展、加深、系统总结已学知识的作业形式。同时我也建议在春季加强对未来一学年能够顺利学习所需技能的培养。春天就像专为深入观察而准备的。春季时应当为下个学年的前两个学季要学习的理论积累事实基础。前述技能和知识的失衡，就像秋天和春天不同一样，产生了复杂的理论概念。

同样，在初中、高中也应该在春季尽一切可能、最大限度地减轻脑力劳动。教师必须考虑到，由于维生素的消耗，尤其是在青少年体内，视力最常在春季减弱，眼部疾病的发生频率最高，而眼睛恰恰在脑力劳动中起着极其重要的作用。不能像许多学校的做法那样，把阅读大量文学作品，重新阅读许多历史、文学书教材放到最后一个学季。尤其不能安排机械性的重复，因为它与首次学习没有什么不同。春季应该由学生主宰，形象点说，就是教学方法的更新。请教师为第四学季的课程做准备，以便您主要的方法使已学知识进入活跃的机动的状态。在这种状态下，学生在总结关于教师所提问题的不同章节的材料时，不必一直坐在书前。此外，教师还可以在总结问题的讲座中积极传播知识。考虑到高中学生的疲劳，教师必须能承担有利于减轻重复的工作。

多年来，我一直致力于给八、九年级的学生留暑期作业：阅读来年将要学习的文学作品。这极大地促进了脑力劳动，缓解了学习负担，并将学生从第四季度的过度压力中解放出来。

您可能会产生疑问：如何在第四学季切实地减轻脑力劳动所带来的压力？确实，在许多学校中，学生因大量的任务而"呻吟"抱怨。如果前三季度的脑力劳动变得相对紧张，将会怎么样呢？

是的，这个问题是我们教学工作中最紧迫和最困难的问题之一。但我敢说，中学课程中没有过多的负担。亲爱的朋友，压力和负担——存在于我们的实际工作里，存在于教学方法中。如果能将教学工作基于科学基础之上，如果能利用并发掘童年、少年时期和青年早期（尤其是童年）的所有可能性和全部潜力，在一所普通教育学校中就可以学习两种外语，而不仅仅是一种，并且可能在小学就可以熟练掌握这些语言。

为了防止实际工作负担过重，我们应该怎么做？回答这个问题就像回答一个包罗万象的问题一样困难，例如，如何确保教育程度低、学历低、受过肤浅教育的男孩女孩不辍学。为防止工作负担过重，首先，从三、四或五岁起，孩子应当在家庭丰富知识背景的影响下，进行智力发展；因此——应当不断提升父母的教育文化素养；其次，防止技能特长和知识失衡，确保掌握知识的过程中学习技能——这是学生脑力劳动的最重要工具；第三，在实践中坚守教育心理学最重要的理论规定之一——没有不切实际的学生，从而实施教学法，传授深厚的知识，这意味着要看到每个孩子的脑力劳动；第四，致力于不断延伸发展知识，使它们"流通循环"起来，不要让知识僵硬地停留在学生的大脑中；第五，不要让学习变成无止境的追赶，不要无休止地拉紧学生的"那根弦"。简而言之，避免工作负担过重，就意味着要做上述所有事情。但是，还有两个非常重要的条件，同迄今为止所说的许多条件一样，跟学校所做的一切都有着直接的联系。我想针对这两个条件，给出一些特别的建议。

30 关于学生的精神生活

这是一个与学校所做的一切有关的问题。如果教师只想着如何让学生多坐在课本前，集中他们所有的注意力，那么工作负担过重就不可避免了。如果一个学生的生活中只有课程、书本、作业、成绩，那么他的生活不会令人羡慕。不要让你们的学生变成一个学究。除了日常的学校事务、活动、兴趣之外，他还应该拥有丰富的精神生活。这与学生的阅读有关，尤其是在青少年时期。

如果你担任班主任，或者是担任五年级的班主任，你面临的一个主要任务就是满足学生的精神需求。教师应该列出学生们在初中时期应该阅读的书籍清单，并争取在班级图书角里提供这些书籍。

我无法想象一个正在全面成长、发育、发展的男孩女孩没有自己喜欢的书，没有喜欢的作家。当教育一个人、培养他的人格时，我一直在努力要求每位同学从小学起就要拥有自己的小图书馆。到初中和高中时，图书馆已经规模可观，馆内藏有一百到一百五十本书。就像音乐家手中不能没有喜爱的乐器一样，有思想的人如果不一遍遍阅读他所喜欢的书就无法生活。

带领每位学生畅游在书本世界，培养他们对书本的热爱，让书本成为精神生活中的启明星——这些都取决于教师，取决于书本在这位教师精神生活中的地位。如果你们的学生能感受到你们的思想在不断丰富，如果能深信你们今天不再重复昨天说过的话，那么阅读也将成为学生们的精神需要。

教师精神生活的贫困、停滞，可以被视为对思想的不尊重——所有这些都将清楚地反映在教学活动中。我知道有一位教师，他"对所有事情都感到厌恶"，他不想一直重复同样的东西。学生们在他的话语中感受到一种静止的、僵化的思维。因为教师对思想的不尊重，学生也开始不尊重教师。然而更危险的是，学生们同教师一样，都不愿意去思考。

一个人的精神生活不能呈现为一个狭窄、封闭的世界。一个人在丰富集体的精神生活的同时，也在享有这个集体的精神财富。我们在学校里努力确保有许许多多的集体，来充实精神生活。首先是科学-学科小组：科学-数学、科学-技术、科学-化学、科学-生物、科学-文学和哲学。"科学"一词可能有些夸张，但它仍然反映了一个事实：青少年正在走上科学思维的道路。无论何时何地，这些小组都不应被视为该学科的附属物或防止不及格的补救手段，它是精神生活的温床。小组里充满了热情、好奇的气氛。当然，在科学-学科小组的课堂上，学生谈论他们所读的东西（报告、信息），但是这有一个使思想真正具有创造力的特点：男孩、女孩们向自己的同学讲述真理时，他们重视这些，将其视为通过自己努力获得的财富；这些财富与工作、创造力以及对未来的想法息息相关。

在科学-学科小组里，也有一些学习困难的男孩和女孩。对他们而言，负担过重是一个特别可怕的危胁。小组中浓厚的知识兴趣的氛围鼓励他们阅读，阅读对他们来说正是一种重要的、补救学习的手段。

31 为了避免负担——一定要有空闲时间

乍一看,这似乎是一个悖论:学生只有在没有把全部时间花在学习上,有大量的空闲时间的情况下才能成功。但这并不荒谬,而是教学过程的逻辑。学生上课的时间越长,供他思考与学习有关事物的时间越少,那么负担过重和落后的可能性就越大。

空闲时间的问题不仅是教学,而且是智力教育的全面发展中最重要的问题之一。空闲时间对学生来说是必要的,就像健康的空气一样:保证空闲时间可以使学生能顺利学习,而且不会感到落后的持续危机感(就像经常发生的那样:如果一个孩子生病几天,他就已经被甩在后面了)。空闲时间是丰富学生精神生活的首要条件,这让学生的生活中不仅是学习,而且是有效率的学习。

学生的空闲时间是在课堂中产生的,这个理论的创造者是一位聪明的、有思想的教师。创造空闲时间的第一帮手是学生自己,这在很大程度上取决于他的知识状态——是处于积极的、活动的状态,还是僵化的状态。但是,创造闲暇时间还取决于另外一个条件,那就是工作和休息的模式。

首先,根据多年的经验,我要提醒大家,脑力劳动模式中完全不可接受的做法是,刚上完课,学生已经在书本前坐了3~4个小时,而高年级学生甚至已经学习了5~6个小时,但他们在下午还要忙着和上课一样的脑力劳动。每天花10~12个小时坐在书前,听、思考、记忆、回忆和复习,来回答教师的问题,这些工作是压倒性的,令人精疲力竭的,最终破坏了学生身心的力量,使他们对知识产生了冷漠和漠不关心的态度,导致一个人只有学习生活而没有精神生活。

经验表明：可以这样安排脑力劳动，学生下午不需要坐在书本前，而是自由活动。这时，学生可以读书，参与科学小组的学习工作，或在大自然中学习，观察自然现象和人类劳动。

换句话说，下午的脑力劳动应是一种知识的拓展，一种知识形式的转变。注意——空闲时间不是闲着，而是拓展知识。教师应努力确保学生在学习日的下午做充分有益于智力发展和成功学习的工作，这取决于整个教学过程的文化修养。尤其重要的是，下午要读书，要出于兴趣、出于对知识的渴望而读书，而不是出于背诵、死记硬背的目的读书。

我亲爱的同事，你会问：那孩子们什么时候做作业？

早睡早起，早晨在去学校之前做功课，这是我们绝大多数学生学习方法的基本原则。多年来，我们一直在向学生家长阐明早睡早起这一科学作息的必要性，以及起床后的头八到十小时进行大量脑力劳动的好处。新一代父母已经成长，他们在家长培训学校中学习了教学知识，在这些知识中，最重要的是儿童脑力劳动的文化和卫生。我们成功地实现了百分之九十的儿童和青少年遵守以下工作和休息制度：小学生在晚上九点，初高中生在晚上十点上床睡觉。年龄较小的孩子在早上六点起床（睡眠九小时），年龄稍大的青少年在五点半起床（七个半小时的睡眠时长）。在这些简短的建议中很难对这种制度的可行性阐述充分的科学依据。但有必要说明，晚上十二点以前的睡眠越长，越能消除疲劳，越容易起床，从事脑力劳动的效率就越高。学生从起床到离开家上学之间有两到两个半个小时去预习准备，这是我们这种模式的核心时间，但它只是整个教育系统的一个组成部分。多年的经验已经使我们教育人员坚信，完成所有家庭作业所需的时间不会超过两个半小时（中小学生会更少），只要教学是在多方面丰富的精神生活的背景下进行的，只要知识在各种精神活动中不断发展，通俗来说，即掌握知识的过程由一套完整的工具——技能保障，当每个学生的个人优势、资质和能力在喜欢的科目中得以体现，毕竟，所有这些都是相互联系的。没有这一点，我所谈论的经验就没有借鉴意义。如果没有遵循上述原则，就想要迫使学生提早起床并做功课，然后再去上学，则不会有任何结果。（许多学校生活中的各种事实使我相信，即使是最宝贵的经验也不能经常使用，因为操作被"转移"到了不利的环境中；例如，如果孩子们不知道如何阅读，而教师却视而不见，还教导他们写论文——这样不会起任何作用）

完成作业后，学生去上学。上学的路程就是一种休息。然后，最紧张的脑力劳动时间开始了。教师们必须确保，在需要大量有压力的脑力劳动的课程中，有一个小时或如果可能的话两个小时的休息时间，其形式是活动性质的改变（体育课、绘画、唱歌、劳动课等）。早上两到两个半小时的脑力劳动比课后坐在书本前四到五个小时要有效得多。但这不只是效率。我们还需要考虑孩子的健康，我称之为日常脑力劳动模式中的平衡。为了使上午充满紧张的脑力劳动，下午必须摆脱紧张的脑力劳动。在学生下午的空闲时间里有必要组织脑力劳动，这考虑到孩子在儿童时期非常有趣的特点。这些特点是什么以及该如何考虑它们——我们将在下一条建议中讨论。

32 教会孩子利用空闲时间

对于一个孩子而言，他的时间如何度过，与成人完全不同——这一点我们不能忘记。那些没有考虑到孩子在童年时期这一特征的人，在通往孩子内心的路上往往会遇到一堵名为"误解"的墙。对于一个孩子来说，在森林里度过的阳光灿烂的夏日是一整年的时光，在先锋营地度过的一个月是永恒的。不要用严格的计划和规则限制孩子，让他们仔细观察并看到足够的东西。或许教师可以留出一个小时让孩子们做自己的事情。这是童年时期的本质所要求的，否则孩子无法进行感知和思考。

请大家记住，在孩子面前所走的每一步、所做的每件事都会让新的未知事物出现，这吸引了他，俘获了他的思想和心灵，使孩子不再能够思考，也无法感觉到时间的流逝。事实如此，这并不奇怪，在童年时期孩子陷入了平稳、缓慢，但不可阻挡的河流，孩子会忘记——是的，完全忘记了，例如，他今天必须做的家庭作业……亲爱的同事们，不要惊讶，当您惊讶地询问作业时，孩子却真诚地对你们说："我忘写了。"他回答时不是在说这是他的错，而是一件他自己都感到奇怪、不可理解和令人惊讶的事情。上课时，学生一直看教室的墙上灿烂的阳光映下的树木跳动玩耍的影子，这个时候孩子完全听不到您说的话，但并不奇怪。是的，他没有听到，确实是这样，因为他被卷入了童年的河流，他以与你完全不同的方式感知时间。这时切忌对着他大喊大叫，不要在全班同学面前把他当成那个注意力不集中和烦躁不安的人——这绝对不是你们该做的。你应该安静地走近他，握紧他的手，把他从童年神奇的独木舟引领到知识的船上，和全班同学一起在这艘船上航行。更重要的是，不要羞于时常坐上孩子的童年小船，与他一起，通过他的眼睛看世界。相信我，如果您学会做到这一点，那么在学校的生活中就不会发生很多由于误解而引起的冲突：教师不了解孩子在做什么，为什么这样做，而孩子不知道他的教师到底想要让他做什么。

　　作为成年人，我会对某种有趣的事物着迷，我很难摆脱痴迷的事物给我带来的那份快乐。但是在潜意识深处的某个地方，我被这种思想困扰着：我还有工作，没有人会帮我摆脱它。来自潜意识的信号帮助我们控制自己，防止浪费时间。但是孩子没有这种控制力，他忘记了时间。教师必须教会他如何利用自己的空闲时间。

　　怎么教呢？要求他思考，让他说出自己喜欢什么，导致忘记了学习吗？叫他远离有趣的事情吗？

　　教师们不能这么做，不能破坏童年时期孩子的天性。学会使用空闲时间意味着让孩子觉得有趣的和令人惊讶的东西，同时成为他们智力、情感、身心全面发展的必需品。换句话说，孩子在空闲时间应该培养各种各样的爱好，这些爱好可以发展儿童的思想，丰富他们的知识和技能，同时又不会破坏儿童的魅力。为孩子创造空闲时间并不意味着让他们有机会随心所欲。自发性也可以激发懒惰，粗心大意。

　　教孩子如何利用空闲时间，可以不通过解释（因为小孩子还不能理解），而是通过组织活动、靠表演和集体活动来传授。

33 把每个学生引领到兴趣的焦点

请各位教师想一想，你们的学生在哪里、如何合理地使用他们的空闲时间（不是浪费它，而是利用它）。

在这里，我有必要再次将话题转回到书。阅读应该是最重要的兴趣焦点，学校应该是书的王国。即使你们可能在这个王国的偏远角落工作，即使你们的村庄可能距文化中心几千公里，即使学校中可能有很多东西——但是，如果你们拥有一本书，那么大家就可以在同一水平的教育文化下工作，并同时取得与文化中心人民一样的成绩。并且不要担心这本书会分散学生对知识的兴趣。

在一到三年级，必须（在每个班级中）创建图书角，在这里展示益智的、同时让孩子们感兴趣的书籍。让每个学生都来使用这个对于他们人生来说的第一个图书馆吧。我不建议一至三年级的学生（至少是一到二年级的学生）从学校图书馆借书：因为没有人比教师更清楚学生应该读什么。有时，学生所需要读的，恰恰只是唯一的、适合他具体情况的那本。没有人比教师更了解这一点。

请教师们记住，如果兴趣爱好不能触及思想、灵魂和内心，那将是无益的。在此我强调，学生的第一个爱好应该是读书。而这个爱好必须保持一辈子。无论你们教的什么科目（文学或历史，物理或绘画，生物或数学），你们都应该把学生们引领到第一个兴趣的焦点（只要你们想成为他的教师）——那就是书籍。

一本书也是一所学校，每个学生都必须学会如何在书籍的世界中旅行。这就是为什么我建议您从班级的图书角开始，然后再逐步教学生如何使用学校图书馆的原因。无论如何都不能让这件事情顺其自然。请教师们带着你们的孩子们去学校图书馆，向他们介绍那里的书，并告诉他们哪些书可以借阅，给图书馆员推荐阅读清单（当然清单中应该包括图书角里的书）。

把每个学生引领到的第二个兴趣焦点，应该是他们对最喜欢的学科的兴趣。只有学生拥有学年中最宝贵的财富——空闲时间时，他们才有可能进行智力活动，爱上一门学科。教师们需要深思如何实现这个目标，如何在下午的时间里点燃大家深入研究不同学科的兴趣之火。这不仅是之前讨论过的科学小组，还是一种积极的活动，在活动中理论知识成为创造力，变成解决精神和工作问题的主要动力。在我们学校里，这种知识的兴趣焦点是两个"困难的工作室"，一个与物理和技术有关，另一个与生物和农业技术领域有关。这里的所有工作都是基于学生的创造精神。工作室由高年级学生负责，对一年级到十年级的所有学生开放。这里解决着各种技术和生物学的问题。例如，邀请学生设计一种设备的工作模型，其中可以用一个工作部件代替另一个，可以用于多个劳动实践中。关于生物学，提出了一个任务：在两年内，将贫瘠的黏土变成肥沃的土壤，在上面种植农作物，为有益微生物的重要活动创造条件。

学生如何利用空闲时间，决定了很多事情。请为自己的学生养成一个合理的兴趣爱好。

34 培养劳动的兴趣

在学校数十年的工作经验使我相信，劳动在智力发展中起着极其重要的作用。一个孩子的智力表现在他的手指尖，这种教学见解源自观察。我看到那些热爱劳动，有着非常灵巧的双手的孩子，他们头脑清晰、求知欲强。我们不是在谈论所有劳动，而是在谈论复杂的、有创造性的劳动，其中包括思想、微妙的技巧和技能。年复一年的事实都证明了劳动和智力有着直接的联系。如果孩子的双手能掌握的技能越强，那么儿童、少年、年轻人就越聪明，就越能清楚地表现出仔细分析事实、现象、因果关系和规律的能力。

我试图理解这种从属关系的科学依据，并阅读了科学家的著作，同时研究了教育过程的各个方面和现象。为了切实地利用劳动来对学习困难的儿童和青少年进行智力教育，我们让他们参与了有关掌握复杂实用技能和能力的劳动。这项劳动的特点是其各个阶段和各项操作之间的依赖性，需要通过高度重视、专注和深思熟虑去完成。手的动作与思维之间始终保持着联系：思维检查、纠正、改善了劳动过程，手仿佛向思维报告着详细情况，于是劳动发展了理智，教会了学生逻辑一致地思考，深入到个别事实和现象之间、无法直接观察的关系中去。

让思维缓慢、混乱的学生参与到复杂、有智慧的劳动中，并长期观察他们的劳动活动——所有这些都有助于更好地了解思维形成的方式。我意识到，如果一个教师在教学中遇到了难题，主要原因在于他无法看到事物之间的相互关系，也就是说，无法从"事实"中思考。我们可以看到事物之间的相互关系，当它们以视觉形式出现在劳动活动中时。

经验表明，应为学生的智力发展选择以下类型的劳动：

（1）设计和安装有效的装置、机械、仪器模型。我们学校里所有学习困难的学生，都在学校手工课上研究过精巧的机器、机械、仪器和装置模型。在这里，思维的第一个来源是对事物相互联系的理解。一个少年模型设计小组在两年内设计了一种通用的木工机床。这个小组里有十五名学生，其中三名成绩不好。劳动能够唤醒和发展智力，其最重要特征——是构思能力的不断发展。青少年的眼前总会浮现未来机床的构思。小组成员通过尝试在不同的设计方案中，构思部件和零件是如何相互作用，并验证这一构思的正确性和合理性。在这种情况下会发生什么，在那种情况下会发生什么？——对这些问题和类似问题的思考有助于学生复习、预习、分析和比较。

我认为，理解劳动过程中的相互作用是一种极好的，不可替代的手段，可以发展与因果、功能、时间联系相关的最重要的思维领域。思考相互作用的特殊价值在于，这种思维一直处于运动、搜索、寻找的状态，在一个人的思考的目光前总会出现与有概括力思维相关的几种视觉表示。这是从具体到一般的过渡，没有这种过渡就不可能思考，而这正是那些成绩不好的学生所缺乏的。

（2）能量和运动传输转换方法的选择。这是指在模型、机械、设备、仪器和机器的设计和安装中，例如，电能被转换为机械或热能，直线运动变为旋转运动或相反。在这种情况下，思想立即从抽象的、概括的转变为具体的——概念、形象、图片。如何将一个概括的想法转化为一个真正的、具体的行动？——加深对这个问题的研究，能够唤醒精神力量，使学生寻找一种已知的建设性解决方案。传输、改造方法的选择培养了学生的观察力和敏锐的头脑（这正是一个成绩不好的学生所缺乏的）：一个学生仔细观察整体的单个细节、部分、要素、寻找共同点，学习将一般性思想从一个具体事件提取转移到另一件事上。所有这些都应该体现在双手和技巧上。我们的目标是使发展理智的劳动目标是灵活的、不断变化的，使提出构思的设计师和实现构思的手工家的特点体现在一个人身上。尽可能多地进行实验，尽可能多地让手和手指进行智慧性运动——这是在劳动过程中培养智力的原则之一。

（3）选择加工材料的方法，选择工具、机械和加工工艺方法。我们的目标是力求工具与手合二为一，工具能够成为手的一部分。如果一个人学不会用自己的双手和思想对劳动产生影响，那他就无法培养灵敏的、创造性的头脑。这种影响——是思想和手工劳动的真正融合。当一个人用手或机械工具处理某些东西时——会出现一个非常复杂的现象：在每个瞬间，信号在手与脑之间被多次来回传送。大脑指导手，手发展后反过来指导大脑。这时构思不仅被实现了，而且还在不断发展、深化。在这种情况下，思路就不会中断。用手工工具和简单的机械工具对材料进行处理是"治愈"成绩不好的学生的最佳方法，这些学生没有能力在长时间的劳动过程进行思考。

（4）创造（植物和动物）正常生长所必需的环境，并控制该环境。面对这样的困难，学生必须从事研究农业实验（植物种植，畜牧业）。这是将特定概念转变为概括，并从结论和概括转变为实践的极好方法。这类劳动形式的教育特点是，一个人在精神上经历了在不断变化的条件下长时间发生的过程，在这种情况下，应该自觉地影响这些条件，改变这些条件。我坚信农业工作是最睿智的工作之一。在小植物培育家，小育种家，小生物化学家，小农业技术员的小组里，有最"困难"的学生，他们似乎在获取知识的道路上遇到了无法克服的障碍，而智慧的农业劳动能教会他们思考。

在一个少年实验者的小组中，已经连续15年有一批成绩不好的儿童和青少年先后参与从事创新劳动,他们解决了以下两个问题:环境条件对种子萌发能量的影响,以及植物在发育的第一阶段的重要活动,土壤和外部条件对种植的影响。

为了使手起到促进理性发展的作用,当然需要经常阅读:一本书不仅可以造就一个聪明的头脑,还可以培养一双灵巧的手。

35 如何让学生专注

我带着二十七个小孩去草地上,向他们展示不同的植物是如何传播种子的。我和孩子们要寻找的植物生长在这片草地的尽头。为了确保所有孩子都待在这个植物的周围,我用注意力的细线将男孩和女孩绑在一起,这就像一根根无形的纽带。在他们旁边的植物中——有各式各样非常有趣的事情,其中的随便一件就足以把孩子们吸引过去,如同丝线断裂了,他们不再看到,也不会听我向他们说的、展示的东西——他们的思绪已经飘飞到某个遥远的地方。看,一只花蝴蝶飞了过来,吸引着万尼亚、科利亚、尼娜和小娜塔莉娅好奇的目光——四条丝线已经断了。一只青蛙在孩子们的脚下跳跃,又有几根细线啪的一声断了……

这种情况还经常发生在教室里。如何忍受这些每分钟都准备追赶蝴蝶的、烦躁不安的、好奇的孩子呢?如何用一个无聊、没有意思的故事吸引一个少年,让他在故事开始时就想到一些有趣的、引人入胜的、令人兴奋的事情?

控制注意力是教学工作中非常细微却研究很少的领域之一。要控制孩子的注意力,必须深刻了解孩子的心理和年龄特点。多年的学校工作经验使我坚信,儿童的注意力只能通过建立、巩固、保持其内在的状态来掌控——情绪上的兴奋、精神上的振奋,这些与掌握真理的感觉,与精神的自豪感有关。

这种状态必须由整个精神教育系统创造。我们所说的情绪上的兴奋,这种状态仅能通过课程中的特定特殊方法创造,例如,通过精心准备的视觉效果去实现。这种状态取决于很多方面，取决于思想文化和感觉，取决于学生的眼界。

对注意力的掌握是教师对孩子思想的非常微妙的、精细的教育影响。例如，我知道在这一年中，学生将学习许多动物学的知识，乍一看非常无趣——学习蠕虫的身体结构及其生活习性。在学习这些材料时，如果对于学生来说没有任何可以着迷的东西，教师就无法掌控孩子的注意力。在这里，学生的注意力集中取决于对一些真理的认识，根据这些真理，完全无趣的材料也将被认为是有趣的。在这种情况下的真理是：有益的蠕虫（例如蚯蚓）在土壤的形成中的作用，在植物的生长过程中的作用，在各种自然现象之间的普遍平衡中，以及两个现象间隐藏的相互依赖关系。

为学生准备必要的情绪状态，这种情绪状态是专心理解有关蠕虫材料所必需的，因此我为青少年提供了有关自然、土壤的有趣书籍。针对学生思想的故事和解释，虽说乍看之下是一些枯燥的教材。但我尽可能地激发他们的思维，让故事调动他们的兴趣。这种兴趣首先是由内在的刺激和冲动引起的：在阅读过程中沉积在学生意识中的思想重新恢复活力，不断更新，竭力向我的思想靠拢——学生不仅在听讲、理解新材料，而且从对事实，对现象的看法中汲取知识并思考它们。

被动的注意力应与主动集中的注意力相结合。当学生正在聆听和思考时，会出现这种组合，只有在意识中已经存在"思考的种子"，也就是说学生已经对所交流的主题有所了解时，这种组合才可能出现。在理解教材时，学生的思想越活跃，就越容易学会。阅读所引起的注意力是促进脑力劳动的重要条件之一。只要能把学生被动和主动的注意力相结合，在课堂上他们就不会感到疲劳。

如果教师不考虑创造学生内在情绪提升、精神灵感的状态，那么知识只会引起冷漠，而麻木的脑力劳动会带来疲劳。即使是最认真的学生，虽努力将精力集中在理解和记忆材料上，但很快就会"偏离轨道"——失去了思考因果关系的能力。而且他越紧张，保持思考就越困难。那些除了教科书以外什么也没读过的学生，非常肤浅地掌握书本上的知识，并将所有内容转移到家庭作业上。家庭作业负担过重，使他们没有时间阅读科学文献，杂志，这样就会引起"恶性循环"。众所周知，学生对课程的兴趣和关注通过形象化的手段提高。但形象化作为一项教学原则具有更广更深的意义，如果形象化教具仅仅被认为是一种激励学生专注的手段，那么它就会威胁教学的初衷，尤其对于智力培育来说。

36 形象化——一条知识的路径和
照亮这条道路的光

培养注意力的唯一方法是对意识产生影响，形象化只会促进发展和集中注意力，刺激思考过程。形象化的事物形式可以吸引长期的注意力，但形象化的目的并不在于整堂课都吸引学生们的注意力，而是为了在某个阶段给孩子们描绘画面，从而能让学生理解普遍的真理、规律。在实践中，往往会出现一些意想不到的情况，例如形象化的教具把孩子们的注意力吸引到某些细节上，反而妨碍了教师让孩子们理解抽象的真理。有一天，我给孩子们带来了一个水流涡轮机模型。使涡轮转动的水流扩散出来，与细小的灰尘融合，在阳光映射下出现一道彩虹。我没注意到彩虹，但孩子们注意到了它，他们所有的注意力都集中在一个让我无法预料的、有趣的自然现象，但这不是我想介绍的结论概括。在这种情况下，课堂没有带来积极的结果。

直观教具的使用要求教师大量的教学准备，需要儿童、青少年、年轻人的心理知识以及对掌握知识的过程的了解。

首先，我们必须记住，形象化是年少的学生们脑力劳动的普遍原则。乌申斯基在书中写道，儿童通过"形式、声音、颜色和感觉"去思考。形象化是一种发展专注力、思考力的力量，它使知识具有情感色彩。由于视觉、听觉、经验和思维的同时作用，孩子的脑海中形成了所谓的情感记忆；每个想法和概念都存在记忆中，这不仅与思维相关，而且与感觉、经验有关。如果没有形成成熟的、丰富的情感记忆，儿童时期就无法进行全面的智力发展。我建议小学教师教导孩子从存在于大自然和劳动中的思维源头开始思考。让进入孩子头脑的文字具有鲜明的情感色彩。形象化的原则不仅应渗透到课程中，而且应渗透到教育过程的其他方面、所有认知中。

第二，在应用形象化的方法时，教师必须考虑如何从具象转回抽象，当学生不再需要注意形象辅助教具时，应在课程的哪个阶段停止使用它。这是智力教育中非常重要的一点：只有在激发思想的一定阶段需要形象的教具。

第三，要逐渐把形象化的教具从实物转变为图像方法，然后再变为现象事物的象形方法。在一到二年级，应该已经开始逐渐使孩子脱离实物的形象化教学手段，但这并不意味着要完全抛弃它。经验丰富的教师在每一年（从一年级到十年级）中都使用形象化教学手段，但是每年，他们都将这种手段运用到越来越复杂的工作方法和技术中。十年级的时候，一位经验丰富的语言专家将他的学生带到森林，带到河岸和春天盛开的花园——在这里，可以说，文字的情感色彩被削弱，而青春的情感记忆得到了加深和发展。

向图像方法的过渡是一个漫长的过程。这并不能认为是，为了代替一只活的小猫，教师带着一幅小猫的画上课。图像方法即便准确地传达了形状，颜色及其他实物特点，也总归是一种概括。教学的任务是使用图像方法逐步转向更复杂的概论。尤其重要的是要教会孩子们理解符号图像——草图、示意图。它们在抽象思维的发展中起着非常重要的作用。在这方面，我想就如何使用黑板提出建议。

黑板的存在不仅是为了进行书写，而且在于教师讲故事、讲解、讲课的过程中，在黑板上画草图、示意图、平面图。在教授历史、植物学、动物学、物理学、地理学、数学的过程中，几乎所有课程（大约80％的历史课程，90％的植物学、动物学和地理课程，100％的物理和数学课程）教师都使用了黑板和彩色粉笔。我认为，没有黑板和彩色粉笔就无法实现学生抽象思维的发展。我认为图像方法不仅是使概念具体化的方式，而且还是走出概念世界，走进抽象世界的一种手段。

图像方法同时也是一种心理自我教育的手段。在二、三年级，我的学生总是将自己的算术笔记本分成两个"版面"：左边的版面是解题方法；右边的版面是任务的直观示意图。学生在解题之前会绘制问题。教授如何绘制问题是从具体思维到抽象思维的过渡。孩子们先画物体（苹果、篮子、树、鸟），然后用正方形、圆形等图形画示意图。我特别关心那些成绩不好的学生的绘制问题。如果没有这种方法的话，他们就未必能学会解决这道题，思考问题的条件。如果孩子学会了绘制问题，我可以自信地说他一定也学会了解决问题。个别学生几个月来一直无法学会画出问题的条件，这意味着他们不仅不能抽象地思考，而且不能以"形式、声音、颜色和感觉"来思考，他们必须接受形象思维的学习，然后逐渐转向抽象思维。

如果你们的小学班级里的学生有学习数学的困难，请尝试着教他们绘制问题。教师应该引导孩子从生动的图像过渡到符号式描绘，再到理解事物相互关系和依存关系。

第四，逐渐从图像方法过渡到语言意象。语言形式是从"形式、声音、色彩和感觉"的思维过渡到概念思维道路上的一步。经验丰富的小学教师不仅可以用语言创造出无法显示的图像（例如，北极的冰山、火山喷发等），还可以表达出在自然界以及我们周围的人类劳动中可以看到的东西。这些语言意象对形成情感记忆、丰富心理学中所说的内在语言的过程中，都有着重要的意义。

在这里，我们又得谈谈与成绩不好的学生合作的问题。经验表明，学生的思维发展在很大程度上取决于从象征性思维到概念性思维的过渡需要多长时间。个别成绩不好的学生永远没有希望，而教师也不知道该如何对待他们，如何唤醒他们的思想，主要是因为他们没有上过漫长的"形象思维"这堂课。教师敦促他们迅速转向抽象思维，但他们对此完全没有准备。的确，很多成绩不好的学生常常无法将自己的实例结合到学习困难的规则上，这是想象力和概念思维脱节的后果之一，也是教师操之过急的结果。

第五，形象教具应使儿童的注意力集中在最重要的知识上。

我们再重复一遍：形象化要求教师的高超教学技巧，要了解学生的心理和思想。

37 对于刚开始工作的教师的建议

我对在学校刚开始工作的头十年时间过得多么缓慢记忆犹新。后来时间如白驹过隙，而现在好像：学期刚开始就结束了。这是我的个人感受，是提醒新手教师非常重要的真理：无论年轻的时候工作多么忙碌和不安，在这个时候，你总是可以找到时间慢慢地、一步步地积累给我们的精神财富——教学智慧。请记住，您将不知不觉地进入自己生命中的第五个十年，教学工作进入第二十个年头，当您没有足够的时间，你会伤心地说："唉，要是早知道的话，我在年轻时就开始这项工作，到老了就比较容易了。因为这份工作还得要个二十年。"

年轻的时候应该做什么，才能使老了的时候不失望？首先要积累教育工作者的精神财富和教学智慧。生活之路面前，你们会遇到最出人意料的人生命运，你们会面对年轻人好奇的头脑和目光：如何生活？什么是幸福？真理在哪里？为了回答这些问题，必须理解为追求理想和真理奋斗的辩证法，必须理解和体会到人类为美好未来而奋斗的最高目标——共产主义思想及其实现。

要成为真正的教育者，必须终身学习科学的共产主义理论，用马克思列宁主义世界观的精神鞭策自己。

教师需要几年的时间来学会用共产党员的眼光来看人和世界——请记住这一点。在你们的个人图书馆应该是马克思、恩格斯和列宁关于社会、革命和教育的重要著作。自我培育共产主义世界观并不意味着从马克思列宁主义经典作家的作品中学习句子。我再说一遍，这首先意味着要学习共产主义对世界与人的看法。

年轻的朋友们，我想和大家分享，我在马克思、恩格斯、列宁的著作中找到的回答工作中最复杂的教学问题的答案。每个人的生活命运都在我眼前发展，这是一个独特的人类世界。我看到我最重要的教育任务是确保共产主义理想体现在这个世界上，体现在独特而深刻的个人特征中。每当我看到独特的人类命运的最微妙的曲折时，我都感到有必要去反复思考这个标准，即以马克思、恩格斯和列宁为名的共产主义者生活和战斗的理想形象。形象地说，不反复研究马克思列宁主义关于人的理论，我就无法深刻思考人的命运。他们的著作包含共产主义人类研究百科全书。他们智慧的思想有助于理解发展共产主义理想的逻辑，例如，全面发展个人的观念。马克思、恩格斯和列宁的著作帮助我理解了复杂交错的条件，这种条件决定了使命的培养。无论在图书馆中获得所需的书有多么容易，教师们仍然要创建自己的图书馆。我的个人图书馆是我智慧的教师，我每天都向他们请教：真相在哪里？从何得知？如何实现人类道德财富和积累创造的薪火相传？书籍是我的生活教师，我每天向他们请教：怎么生活？如何成为我的学生的榜样？如何把理想的光辉带到他们的心中？

年轻的朋友，我建议你们每月买三本书：（1）关于你教的学科的科学和知识基础；（2）关于一个人生活和斗争的故事，其形象是灯塔，是青年的榜样；（3）关于人的内心，是儿童、青少年、青年、女孩的内心（心理学书籍）。在你们的私人图书馆要有这三个部分。每年都要丰富你们的科学知识储备。这样在第一个十年结束的时候，你就会觉得教科书就像初级课本一样简单。只有在这种情况下，你才能说自己一生都在为上好课做准备。只有每天补充科学知识，你们才有可能在讲解材料的过程中看到学生的脑力劳动：你们关注的焦点不再是关于课程内容的思考，而是关于学生思维的思考。这是每位教师的最高成就，大家应该为此努力。

寻找像宝石一样的优秀人物，如关于费利克斯·捷尔任斯基和谢尔盖·拉佐，伊万·巴布什金和雅科夫·斯维尔德洛夫，尤里斯·伏契克和尼古·贝洛扬尼斯等的书籍。把这些书放在你们个人图书馆中最醒目的地方。请记住，您不仅是教师，还是生活和道德的导师。要用心理和文学补充私人图书馆。教育者必须是受教育者的知心人。当我听到或读到"对人的单独对待"这一词时，总是联想起我脑海中的另一个概念——思考。教育首先是一种活泼、好奇、探索的思想。没有思想，就无法想象探索和发现——尽管乍一看很小，难以察觉——但是没有它们就没有教学上的创造力。记住，每一种心理模式可以表现为一千种人生命运。我坚信，师范大学毕业后，曾经的学生只有在整个教学生活中学习心理学、加深自己的心理知识的条件下，才能成为真正的教师。

大家终身都要从事教育工作，而教育离不开美感和艺术。作为一名教育者，如果你会演奏某种乐器，如果你有音乐灵感的小火花，你将拥有许多优势——你甚至会成为教育方面的权威人士。因为音乐使内心更紧密，为教师展示学生心中最深处的角落。如果你们不会乐器，那么在你的手中，在你的心中，应该有另一个强有力影响学生心灵的工具——文学作品。创建并丰富自己的个人图书馆。根据你们学生的年龄，每年购买几十本书，这会帮助你找到通往孩子内心的道路。别忘了，学生们读过的、教育着他们好奇的头脑和敏锐的内心的文学作品，可以成为一滴水，这常常是教育者缺少的，恰恰这能使道德的天平向你们所需要的方向倾斜。最重要的是，当你完成个人图书馆时，应该记住这一点：给学生的书应该教会他们如何生活。书中的主人公形象让你们的学生着迷，鼓舞着他们，使他们坚信，人是伟大的、有能力的，共产主义思想是真理、是最高理想。每当我在书店为学生选择文学名著时，我都努力为他们选择最适合的书。

记住，教育首先是与幼小心灵的敏感、周到、细致的接触。为了掌握与内心沟通的艺术和方法，教师应当多读书、多思考。读过的每一本书都会在不知不觉中成为你们教育技能中新的精巧工具。

教育者还需要对美具有灵敏的嗅觉。应该热爱美、创造美，保护大自然和学生的灵魂之美。要知道，如果你喜欢种植和培育树木，如果你乐于走近蜂巢去倾听蜜蜂在茂盛的树木中的嗡嗡声，那么你就已经拥有通向人心的最直接道路——在创造美的劳动中进行精神交流。

在学校工作的每一年，你们都应丰富自己的教学技术实验室。教师需要大量的作业任务，例如给课堂集体的作业和给学生的单独作业。所有这一切都应该一年一年地收集，按题目、科目分区收集。我认识一些经验丰富的数学教师，他们在 15 年的工作中积累了独特的代数和几何问题库。这些题库经常使用在给学生的个人作业中。

38 给即将执教一年级教师的建议

现在你们是小学三年级的教师,但很快,你们将与一年级的新生一起学习。他们的年龄在五岁半到六岁之间,由家庭或幼儿园教育长大。甚至还有一部分孩子的学前教育者仅仅是他们的父母。学前一到两年的教育情况可以决定学生未来的很多事情。你们应该详细地了解将来的每一位学生。

了解一个孩子意味着什么?

首先,要对学生的身体健康状况有所了解。孩子们入学的一年半之前,我手中会拿到一份学生名单。在掌握学生父母的身体状况后,就可以对学生们可能遗传的疾病有所了解。当然,这些推测是经过医生核对的。这样我就掌握了未来学生们有关于身体状况的重要数据:神经、呼吸器官、心脏、消化器官、视力、听力。

没有掌握学生的健康状况,就不能对学生进行正确的教育。在学校三十年的工作经验使我深信,根据孩子的健康状况,不仅需要对每个孩子采取有个性的方法,而且还需要一套完整的保护性措施,以保护并加强他们的身体健康。经验表明,教育有助于孩子健康的恢复,使他摆脱童年时期最常见的疾病。心血管系统受损的孩子需要特殊的教育方法,需要特殊的医学教学方法。

我认为,如果由于某些原因,疾病已经存在,那么了解家庭关系对于帮助孩子们预防疾病和治愈非常重要。孩子的神经系统和心脏的状态在很大程度上取决于家庭。在尖叫、责备、愤怒、不信任和侮辱中长大的孩子很难教育。这些孩子的神经系统经常处于紧张的状态,很快就会感到疲劳。有神经问题的儿童需要特别的照顾和日常护理。教育和教导这些孩子需要使用特殊的医学教学法，防止因情绪的突然转变带来神经的过度兴奋。

我建议一年级开学前一年半（如果可能的话，两年前），请教师和父母见面——父母双方都需要参加，这一点非常重要——并与他们讨论家庭关系，这有助于孩子形成健康的神经系统，并有利于形成良好的道德品质和积极的心理素质。

家庭的知识氛围对孩子的成长非常重要。家庭的精神爱好、阅读书籍的内容、成年人的想法，会对孩子的思维造成影响，并在很大程度上决定了孩子的全面发展和记忆力。要这样对学生的父母说："你们的兴趣爱好，以及书在家庭精神生活中的地位决定了孩子的智力发展。"

我深信必须对每个孩子的思维进行至少为期一年的研究，只有这样，才能为一年级的课程教学做好充分的准备。

39 如何在学前教育中研究儿童的思维

人类思维主要有两种类型：逻辑分析（或数学）式思维和艺术（或形象）式思维。这种分类由伟大的生理学家巴甫洛夫提出，它对于研究儿童精神教育的问题、个性倾向和能力的形成有非常重要的意义。在明媚的九月召集即将上小学的学生，和他们一起去秋天的树林，你们将马上看到孩子们具有的这两种截然不同的思维方式。森林，特别是初秋的森林，总是吸引着孩子们的注意力，他们不可能无动于衷。在这个充满兴奋、钦佩、惊奇的地方，蕴藏着对世界的逻辑和情感的认知，即理智认知和心灵认知。湛蓝高远的天空、多姿多彩的树、在森林的边缘和丛林中的初秋的鲜艳色彩——这一切吸引着孩子们的注意力。但是学生们对待周围世界的态度却有所不同。请仔细观察，你们将看到两种类型的认知，两种类型的思维征兆。一些孩子沉迷于自然的和谐之美。这样的和谐之美让他们惊讶、感叹，他们把事物看作一个整体。他们欣赏日出，令人惊讶的多姿多彩的秋木，以及神秘的森林灌木丛。但是，这些都被孩子们视为多种不同的乐器演奏出的和谐之声——孩子们并不会只听到一种声音，他们不会将周围的世界划分为单独的个体。当被某一个物体或某一种现象吸引时，孩子们关注的是这个物体或现象的和谐统一。例如，一个孩子注意到蔷薇灌木丛，上面密密地覆盖着琥珀色的浆果和银色的露珠——除了这个灌木丛，剩下的他都注意不到，整个美的世界都蕴藏在大自然的创造中。

这些是对周围世界的艺术或形象式感知的最典型特征。拥有这种感知类型的孩子会喜欢并热衷于分享他们所看到的东西。他们描绘的故事中包含生动的形象。他们以图片和形象——颜色、声音、动作的形式去思考。他们对周围大自然的音乐非常敏感，通常对美也很敏感。在他们的感知中，情感因素占主导地位，实际上他们更多是用心灵去感受，而非理智。请注意，这会影响他们在学习过程中的智力活动。艺术思维敏感的孩子们对文学非常感兴趣，喜欢读书、喜欢诗歌。但是在学习数学的过程中他们经常会遇到很大的困难，最终可能无法在这个学科上取得成功。

对于其他孩子来说，似乎不存在和谐之美。想象一下在温暖秋日里松树森林边的一幅日落景象：落日余晖，古铜色的树干，结冰的池塘表面倒映出独特的色彩。但是在一群学龄前孩子中，总是有这样的孩子，正如他们所说，无法欣赏这种美。他会问：为什么日落时太阳会变红？太阳西沉时藏在哪里？为什么有些叶子在秋天变成红色，另一些变成橙色，而另一些变成黄色？为什么橡木上的叶子在结霜之前很长一段时间都是绿色的？他首先想到的不是事物的形象，而是逻辑，是事物的因果关系。这就是逻辑分析或数学式的思维。拥有这种思维的孩子很容易注意到事物的因果关系和相互依存关系，瞬间联想到一系列事物和现象间的关系。这类孩子的思维很容易变得抽象化，并且对数学和其他精准的科学感兴趣。他们对抽象的逻辑分析就像艺术式思维的孩子对生动的形象一样，非常感兴趣。

这两种思维方式都是客观存在的，教师需要知道每个孩子拥有哪种思维方式。这对智力方面的教学指导非常重要。在每个孩子的两个思维领域内，即形象和逻辑分析领域，教会孩子思考，拓展思维，不能只专注于一个领域，同时又要巧妙地引导学生向他最具天赋的方向发展。

孩子们的思维方式在反应的速度上也有所不同，或者说是思维快慢的不同。在一些孩子中，思维很容易分散。孩子刚刚还在想蜜蜂如何从花中采集花蜜，在教师展示了花的复杂结构之后，又很轻易地切换到另一个思考对象。或者在解决算术问题时：学生在脑海中紧紧抓住题目的所有条件，即有篮子，又有苹果，还有花园里的树。另一种孩子的思维方式则完全不同，我称之为稳定专注。如果孩子的思想集中在一件事情上，那么他很难转向另一件事情。考虑一件事，他便忘记了另一件事。他考虑每公斤苹果的价格——忘记了每个篮子里有多少公斤苹果以及多少个篮子。教师可能会误会，将这种思维特征误认为是智力发展的异常。有想象力的孩子和逻辑思维强的孩子在智力发展的过程中都有可能产生思维障碍。在不了解问题根源的情况下，教师常常对孩子的智力发展给出完全错误的、仓促的结论。对孩子产生误解，尤其会使思维明显变慢的学生沮丧。这些孩子通常都是非常聪明、机智的孩子，但是他们思维的缓慢却导致教师的不满；孩子会很紧张，他的想法似乎僵化了，甚至停止思考。

在教学开始之前，教师们必须了解并学习这些内容。在没有开始上课的情况下，研究孩子的思维特点要容易得多。我建议一年级的教师：一年中要进行二十到三十趟探索思想之源的自然之旅。将孩子们带入一个既生动形象、又充满逻辑现象的环境中，让孩子在欣赏、体验令人惊叹的自然之美的同时，进行思考并分析。

40 如何发展儿童的思维和智力

如何培养学生的思维能力，拓展他的才智——我认为，这是学校教育方面最严重、最亟待解决的问题。传授知识只是智力教育的一个方面，如果没有智力的形成和发展，就不能将其视为智力教育。所谓思维和智力的发展——是指形象思维和逻辑分析的发展，可以促进思维过程的流动性，消除思维迟钝的障碍。

多年经验表明，在思维方面需要特别的课程。这种课程应该在学龄前不时地进行。随着一年级课程的开始，思维课程在智力教育中变得越来越频繁。思维课程既是对形象、图片、现象、周围物体的直接感知，又是探索获得知识，进行脑力锻炼，对起因和结果的逻辑分析。

如果你们想教会"迟钝的学生"如何思考，请引导他们去思考一系列现象的本质，这些现象中展示了事物之间的因果关系。掌握这种思维链，试图将一些事实、事物、关系牢牢保存在脑海中，一个思维迟钝的孩子掌握了一个独一无二的学校思维过程。事实上，一系列现象，一个又一个的发现，在孩子面前似乎点燃了思维的火花，激发了思想过程的流动性。火花点燃了，孩子想了解得更多，他渴望思考新现象。这种愿望，也是一种欲望，是加速思维过程流动性的动力。

41 如何培养记忆力

培养记忆力也是学校教学实践中严重的问题之一。或许,我们每个人在一个有"鱼的记忆"的孩子面前都失去了信心:今天他想起来了,明天他又忘记了。基于教学数据和经验,我将提供有关记忆力培养的建议和指导。

通过自己的努力和意志力获得的知识越多,学生情感领域的逻辑认识就越深刻——记忆力越强,越是有序,学生的大脑可以更容易适应新知识。

在开始记忆之前,孩子必须经历我之前讲过的学校思维。记忆前设定的任务越复杂、越困难,对思维、思想和智力的教育就越需要耐心细致。一个只能看到事物的表面、现象的单一面、没有深入本质的孩子,他在新事物前感受不到发现新联系的惊讶,这样的孩子很难记住东西。

我坚信,在孩子还没有到有必要在课堂上或在家中记忆和背诵的年龄时,就应该关注他记忆力的培养了。学前和小学教育是奠定坚实记忆基础的良好时机。必须注意确保儿童在没有掌握专门记忆知识的情况下,也就是说在直接观察的过程中,掌握周围世界的现象和规律的重要真理。

也许我们每个人都会在奇怪的现象面前感到茫然:一个学生在小学学习很好,而上中学后,马上变得很差。孩子怎么了,为什么会这样?原因之一是小学阶段缺少专门的任务,这些任务旨在发展思想,培养智力,为记忆力奠定基础。在小学阶段,必须打下坚实的记忆基础,基础就是在教师的指导下,孩子对周围世界的直接了解和探索而获得、吸收的知识。

42 对青少年记忆力包容的同时对其进行提高

死记硬背有百害无一利,尤其对于青春期和青年时期的孩子们而言。在这些时期,死记硬背会引起幼稚主义——它会使成年人感到紧张,智力减退,延缓能力的增长和爱好的形成。学生死记硬背,是学究气的有害产物之一。这本质上是将那些养育婴儿特有的方法和技巧运用到青少年身上。这会导致在掌握严肃的科学材料的过程中,智力发生退化。这使知识与生活实践脱节,使知识领域和社会活动受到局限。

造成这种负面结果的主要原因之一,是把青少年当作小孩子来对待,让他们通过同样的方式获得知识:将课本材料死记硬背,以便将来把背下来的知识向教师"一一列出"并获得分数。这种死记硬背只会使学生变得越来越愚蠢。

把学生从学校的学究气中解放出来是非常重要的教育任务之一。但初高中的学习材料中很大一部分需要记忆,这时学生只能坐下安静学习,因为初高中不能耍小聪明,否则什么也学不会。这时该怎么做呢?

想要做到这一点唯一的方法是:制定合理的自愿和强制记忆方案。如果八年级的学生需要记住的材料数量用 x 表示,那么同时学生需要理解、思考材料的数量是 $3x$。在这种情况下,在强制与自愿记忆的材料之间,必须有一定的联系,不一定是直接的联系,最好是与问题相关的联系。例如,在解剖学和生理学课上研究人类神经系统。本节包含许多全新内容,几乎所有内容都需要牢记。为了防止学习变成死记硬背,教师应该建议学生阅读有关人体的有趣书籍——关于人体的所有系统，神经系统以及杰出科学家的研究成果。许多学生们在没有专门去记忆的情况下，不经意间会记住阅读的东西，但这是一个完全不同的记忆过程——非自愿的，但在性质上与有意记忆、背诵教科书中的材料不同。这种记忆是基于生动的兴趣、思考和爱好；在这里，认知的情感因素起着重要的作用。非自愿记忆——阅读有趣的书——促使一个人唤醒思维活动。思维越活跃，知识再现的能力就越强，自愿性记忆存储就越能得到拓展。如果一个人所理解的材料要比从教科书中记住的材料多好几倍，那么对教科书中的材料（熟记）的记忆就不再是死记硬背的了。它会成为有意义的读物，是思维的分析。多年的经验使我相信，如果有意的、强制的背诵是基于非自愿记忆，那么青少年会在阅读，思考以及学习教科书的过程提出很多问题。他知道的越多，不明白的地方也会越多，那样教师上课讲解教科书就会越轻松。

在非自愿和自愿记忆之间建立合理的平衡，这一点主要取决于教师。作为基础科学的教师，你们需要做的不仅仅是知识的传递者，更应该是青年思想的统治者。在你们讲述的故事中，在介绍新材料的过程中，应该点燃学生的求知欲、好奇心和对知识的渴望的火花。从你们的课程中，学生们应该十分愿意读一读你上课时顺便提到的那本书。他应该念念不忘要去读这本书，为了找到它付出所有努力。

因此，青少年记忆能力的发展取决于初高中教育过程中的一般知识文化水平。

43 培养孩子对绘画的热爱

在小学如何安排绘画课,在教学和教育过程中教师把绘画课摆在什么样的位置,与学生智力的发展有直接的关系。在小学任教时,我看到学生在画画过程中产生了一种发散的创造性思维和想象力。我坚信儿童绘画是通往逻辑认知的必要步骤,而且绘画还有助于发展审美世界观。

一开始,我教导孩子们从大自然中汲取灵感。我们画了大树、花朵、河流、动物、昆虫、鸟类。无论图形的构成多么简单,它总能反映孩子们感知、思维和美学评价的个人特点。有一次,我们画三叶草草地。一些孩子试图让整幅画布满盛开的花海、云朵、蓝天、百灵鸟。在其他孩子中,我看到了茂盛的三叶草的茎,有蜜蜂落在花瓣上。有一个女孩在整幅画上画了一对黄蜂的翅膀、一朵盛开的三叶草的小花瓣、阳光穿过叶子的缝隙……

为了对周围世界有鲜明的美学感知,我们专门举行了几场寻找思想起源的旅行。我们在池塘边画黎明和黄昏,在牧场草地上画篝火晚会,画鸟儿在温暖的边疆飞翔,画春汛的情景。我得出一个令人愉快的结论:那些令人兴奋、钦佩的图画就是对周围世界独特的美学评价。当孩子画出体现美的事物时,对美的感受就如同文字表达一般,唤醒了形象的思维。

我逐步开始向孩子们灌输绘画方面的基本技巧;孩子们学会了画出光、影和透视。在一年级时,创造力已在儿童绘画中占据重要位置。孩子们在图画中写故事,画出童话。绘画已经成为创造力和想象力的来源。我深信在绘画过程中发展的想象力与孩子的语言能力之间有着非常直接的联系。毫不夸张地说，绘图"撬开了学生的嘴"，使沉默寡言、非常害羞的学生开始说话。

在二、三、四年级，孩子们开始将绘画体现在文字创作，即写作中，写作的材料包含对自然现象和劳动的观察。我注意到，在这种情况下，如果孩子找不到准确、简洁的词语来表达自己的想法，他就会求助于绘画。曾有一个男孩试图用"储藏室"中的刺猬来形容看到宝藏的惊讶程度，他画出了这些宝藏——苹果、土豆、绿色甜菜叶、缤纷的落叶。

我尽力确保绘画在孩子的精神生活中占据重要的位置。当我们开着吉普车前往基辅时，男孩和女孩沉醉于草原上的草地、山脉、森林、远处的土丘之美中，他们竭尽全力用线条和色彩捕捉这些美丽。

没有绘画，我就不能教授地理、历史、文学和自然科学课程。如果我要讲遥远的大陆——澳大利亚的动植物。我没有办法总是把现成的图片带到课程中。因此，我马上在黑板上画出了许多动植物。这不会打断孩子们思路，同时也丰富了想象力。在历史课上，我边讲边用粉笔在黑板上画许多年前人的衣服、工具和武器。经验使我确信，在历史课程中，尤其是在四、五年级时，边讲历史故事边在黑板上画出故事情节会起到非常重要的作用。例如，当我讲述斯巴达克斯起义时，我可以在黑板上画出山顶叛军的营地。在故事讲述过程中诞生的图画比提前准备好的、甚至是彩色的图片具有更大的优势。在小学一年级的数学课上，有时教师不得不画出问题，前面我已经谈到过这一点。

44 如何教会孩子流畅地书写

读书和写作是学生最重要的两个学习工具，同时也是他们了解周围世界的两个窗口。由于没有掌握流畅、快速、有意识地阅读，无法流畅、快速、半自动地写作，孩子仿佛处于半盲的状态。我感受到一个非常重要的任务：让三年级和四年级的学生实现写一个很长的单词而不用将笔从纸上抬起，以便他可以继续写单词（甚至是一小句话），并且不用把目光从笔记本上移开。书写的半自动化是识字和知识自觉吸收的极为重要的条件。学生不需要考虑如何写这个或是那个字母，如何与其他字母组合在一起——只有在这种情况下，他才能够考虑语法规则的应用，以及所写内容的含义。逐渐地，流畅的写作会产生与语法规则有关的半自动化：孩子不再去思考如何拼写这个单词，因为他已经写过很多次了。

所有这一切——字母和单词的书写速度，逐步掌握的半自动化拼写，写字的同时思考——这些应该齐头并进。首先，流畅的写作需要对手臂小肌肉进行一定量的训练。多年的经验使我相信，这些练习应该在写作之前进行。我指的是左右手灵活的手工劳动。入学前一年，应该给孩子一些手工劳动的任务，例如用刀（剪刀）剪裁画和纸、木雕、编织、设计和制作木制小模型。灵活的动作会培养手指的协调性和活动的节奏，从而形成手指的敏捷度和对字母等微型图案的感觉。

我们必须努力确保儿童的劳动具有审美创造力。在孩子的作品中反复描绘圆形、椭圆形、波浪线，让孩子从小就习惯于灵活、流动的动作，这需要"对工具极大的敏感"。

经验证明，如果一个孩子完成了足够多的灵活动作训练，那么他就已经为流畅地书写做好了充分的准备。当然，还需要系统的书面训练。

45 教会孩子用两只手工作

人类发展的历史过程决定了与思维相关的最"灵巧"的工作就在手指尖上进行，通常用右手完成。在创作的过程中，左手起辅助作用。我们用右手拿着工具，用右手握着笔和铅笔，艺术家用右手创造出不朽的绘画作品。

使用右手足以使一个人达到他所能达到的知识文化的高峰。但是，相比于只用右手完成最细致的劳作，如果左手也参与其中，那么劳动技能、艺术创作、个人的智力发展会以无与伦比的速度完成。这里讲述的不仅仅是劳动教育的一个先决条件。在手和大脑之间存在上千种联系，手可以发展大脑，创造智慧；大脑也可以发展双手，使其成为创造力的智能工具，思想的镜子。我多年的经验表明，如果左右手都能完成最灵巧、最智慧的劳动，那么手脑之间的联系会增加，从手到大脑传递智慧的经验，能传递对象、事物、过程、状态的相互作用和关系。该结论是通过一定经验得出的，但它反映了一种现实规律：得益于双手劳动获得的思维相互作用，会为思维活动注入新的品质：一个人用思考的眼光去理解一系列相互关联的现象时，会将它们视为一个整体。

七年来，我一直在教孩子们（七至十四岁）用两只手工作。孩子们学会了用两只手使用刀具，知道如何用左右手组装复杂的模型，用左右手操作木材车床。我能看到，每年孩子们在活动中拓展了自己的创造力。这些创造力的特点是新思想的诞生。相比于只会用右手工作的人，能用两只手工作的人可以在同一现象中看到更多。用工具加工材料，我的学生以劳作的灵巧、温柔和可塑性而著称。他们爱上了自己智慧的、有创造力的劳动。

46 给在大型学校工作的教师的建议

与在一所小型学校工作相比,在拥有数十名教师组成的团队的大型学校中,要提高自身的技能容易很多。一个大型团队中总是有经验丰富的教师。但是,借鉴教学经验是一件非常困难的事情,因为这是创造。

你们从大学毕业,拥有师范文凭,例如小学师范。除了您之外,分配到学校中的还有其他16名小学教师。他们中有些人在教育委员会会议上被评为优秀教师,其他人在任何地方都默默无闻,还有第三种人则到处抱怨,指责缺点。您是教学领域的初学者,从在学校中工作几年的教师身上,都可以学到很多东西。但是,借鉴经验的同时需要节省时间。如果您轮流到所有教师的课上旁听,那么很难掌握真正的教学要领。

我建议您先浏览一下所有一年级同事的笔记本。您会看到绝大多数儿童优美、清晰、简洁的文字——这已经是直接的指导原则:您可以在这堂课中学到很多东西。学生的笔记本是所有教学工作的一面镜子。去听这位教师上课,不仅仅去听她的写作课,笔记本是整个教学过程的结果,同时写作还取决于儿童的阅读方式、阅读内容和阅读量。

如果不深入了解教师所做的一切,以及孩子如何看待这位教师的影响力,就不可能理解教学经验中的任何一个方面。第一次旁听一位经验丰富的教师的课程,如果只是为了了解如何更好地教孩子们写作,那么您会发现很多事情似乎与您的观察对象没有直接关系。不要迷失于现象的复杂依赖关系中。借鉴经验首先要了解什么是决定性的,否则,就不可能理解或借鉴别人的经验。毕竟,借鉴最核心的经验不是将各种方法和技巧机械地转移到自己的工作中，而是思想的转移。要向最优秀的教师学习，您需要坚信一些事情。

同事的笔记本很快引起了你的注意力，因为你发现学生阅读效果很好：他们在阅读时，很快就能抓住单词和句子的各个部分，从而使阅读产生了鲜明的语调上的情感色彩。您会仔细观察阅读技巧，但没有发现任何意外的新内容。您继续一堂接着一堂课去旁听他的课。将他课上所有内容都照搬到您的课程里。您所做的一切都和他一模一样，但是结果却相差甚远。这时请你坚持寻找，弄清楚到底是什么决定了这卓越的教育成果。

如果您一次次地询问学生，努力了解他们的家庭生活，就会逐渐发现学生的优秀阅读习惯取决于许多事情：家庭的智力精神生活，孩子们在童年时听的童话故事，课外阅读等，还取决于教师如何分配知识和实践的比例。由此您可以得出的结论是：在教学工作中，没有任何成果是只取决于一件事的。这样做，你只能达成一个目标。每个结果取决于数十、数百个数据，有时看起来很遥远；与研究、观察、调查的主题没有直接关系。

了解优秀教师的经验可以帮助你弄清楚，在教育实践中什么是最重要的。提高教学技能首先是自我教育，你的个人努力，旨在改善自己的工作文化，同时最重要的是文化思想的提升。没有独特的想法，没有对待工作的好奇，就没有有条不紊的工作。

您学习和观察资深同事的经验越多，就越需要自我观察、自我分析、自我完善、自我教育。在自我观察、自我分析的基础上，将产生个人独特的教学理念。例如，当您研究事物的因果关系时，得出的结论是，今天种植种子的数量远远不够，不一定明天就能发芽。在许多情况下，今天正在做的事情只能在几年后评估。这是教学工作中最重要的规律之一，需要着眼于未来。

47 对单班式学校教师的建议

很长一段时间内都将存在这种类型的学校,学校里的学生很少——由一两个班级组成的小型学校,甚至只有一两个教师工作。

如果你们在这样的学校工作,那么多年在周围创造和保持丰富、多方位的精神生活的氛围不是一件容易的事情。要知道——这才是最重要的——没有高水平的文化,无论是普通的还是教学的文化,都能导致这偏远的地区变成无人问津的角落。如果发生这种情况,只能说这是教师本身的错误。即使在远离中心、最遥远的角落,文化、思想、创造力依旧可以明亮地燃烧——所有这些都取决于教师。而且,您应尽一切努力使星星之火燎原。而这其中决定性的因素是学生的教育、文化和知识程度。

您必须专门去做很多事情,使文化和思想的灿烂之火永不熄灭。在偏远的山村中,没有大型图书馆,但这里需要最新的图书,就像需要空气那样迫切。

因此,请让您的小型学校图书馆订阅大型文化中心的大型图书馆的图书——例如,苏联国家列宁图书馆,或者国家公共教育乌申斯基图书馆。浏览每周的"书评",订阅两到三周内感兴趣的必要书籍,然后阅读。我知道在遥远的农场里,一位工作了多年的教师创建了人民图书馆,供农民集体使用。请您也要考虑一下,在学校附近建立人民文化中心。

在单班式学校中,孩子们在教室中的阅读非常重要。您需要与社会公众合作,确保您的学校图书馆里有为儿童提供阅读所需的一切条件。世界儿童经典文学名著应该储存在每所最小、最偏远的学校中。这一切都没有您想象的困难——只需要对孩子的爱和勤奋。我相信，即使在一所远离文化中心的学校里，也可以创造条件让阅读成为学生精神文化的主要焦点。需要使用电影放映机，播放时下的新电影和幻灯片。

对于您——一所偏远小学校的教师来说，与一个大村庄或城市中的一所好学校保持联系非常重要。我建议您一年两到三次，用三到四天的时间到这所学校拜访同事。您需要旁听，与教师交谈。您需要亲自看到每位思想丰富、富有创造力的教师所致力的教育成果。在评估自己学生的成绩时，应该以这所学校的知识、技能、学生的书面作业为指导。如果可能的话，可以向这所学校里最好的教师之一发出邀请，来您的小学校看看，哪怕只有两天。

在春季和初夏，和学生们一起长途旅行，让他们看看城市的生活，参观工厂、印刷厂。可以利用每次旅行丰富您的学校图书馆和电影放映室。

而且在夏天，也不要让学生坐在学校里，带他们去大城市看看。即使您在一所偏远学校工作多年，也要计划一场去莫斯科的旅行，去列宁格勒和其他大型文化中心。在城市的游览时间应该是非常充实的：必须参观剧院、音乐厅，并观看我们国家最好的艺术家的表演。而且，我再强调一遍：不要忘记书籍。

我还建议您进行几次旅行——去乌拉尔、西伯利亚、阿尔泰、中亚、高加索、俄罗斯北部地区的阿尔汉格尔斯克和诺夫哥罗德地区。教师可谈论的东西越多，影响学生的教育方法和资源就越丰富。

48 教师该如何编写教学计划

这个问题可能非常尖锐——有时教师会承受不必要的写作负担。但是，也存在另一种情况，在批判"官僚涂鸦"的激烈讨论中，个别教师得出了这样的结论：无须编写任何计划。但实际上两者都是错的。需要编写的是有助于工作的计划。

小学教师制定几年的长期计划非常重要。这样的计划包括什么？基于个人的经验，我的回答如下：

1. 小学阶段必读名著列表。只有当学校图书馆中有这些必要的儿童读物时，这一点才能得以实现。

2. 上学时儿童应该听的音乐作品（最好在学校里设有音乐室）。

3. 绘画作品，同时将进行讨论。

4. 课文——必须牢记的文学作品节选。

5. 正确拼写——即拼写字典，在小学时必须牢记并做到过目不忘。

6. 流行科学图书和单行本，阅读这些书籍有助于扩大学生的视野。需要特别为思维能力较弱的儿童划分出图书和单行本。

7. 思维课程的主题——思维和母语的来源。

8. 在未来的学习中，孩子们将写的作文主题。

9. 教师和学生将一起制作的直观教具的清单。

10. 在小学期间举行郊游活动。

同时我也建议初高中学科教师制定相同的长期教学计划。当然，要考虑到学科的特异性，例如，生物学教师在长期教学计划中应包括自然观察，使学生形成必要的概念。地理教师在长期教学计划中应包括必须记住的术语。物理教师在长期教学计划中应包括对工农业劳动的观察。

长期计划是一个非常重要的参考，教师每年都要阅读、思考该计划，就像在进行自我检查——检查已经完成了什么，还需要做什么。通过执行长期计划，还可以判断学生掌握知识的质量。

每位教师还应制定主题规划或课程计划。主题规划是根据教学计划制定的，专门用于这个主题的几节课。主题规划仅适用于小主题（二到五个课时）。在主题规划中，应该编写本课将学习哪些内容和如何进行学习。在这里教师应该注意，不要进行长时间演讲，或者讲述冗长的故事。教师传授的知识应该留在学生的脑海里，而不是存储在详细的笔记中。主题规划是教学性预见和理论依据，而不是详细的大纲。在计划中，您需要写下创造性的分析材料，例如，孩子在做作业时要回答的问题，学习新材料时独立完成的作业类型。具体的作业和练习题不包含在计划中（它们通常由教师在特殊卡片或习题本上写下来）。

在编写主题规划的笔记本中，必须留有空白的地方，以便在出现未能预料的、偏离计划的情况时，可以对计划进行适当的修改。

相比于主题规划，一些教师更喜欢课程计划。他们思考了这个主题，做了初步的草图，但只计划了一节课。每个人都可以做自己认为最方便的事情。最主要的是基于长期计划，牢记最终目标，不时思考它的大纲及解释性说明，将其与长期计划进行比较。

作为班主任的教师应当起草一份教育工作计划。有关这份计划我们将在后面的教育建议中作进一步的讨论。

49 关于教师日记的建议

我建议每位教师撰写教学日记。这不是有格式要求的正式文件。日记是一个人的笔记、随笔，它们可以在您的日常工作中派上用场。它们是思考和创造力的来源。保留十年、二十年甚至三十年的日记是一种巨大的财富。毕竟，每个有思想的教师都有自己的教育体系和教学文化。当一位优秀教师、一位创造者，完成了自己的教学生涯，并把他多年的工作和探索中所理解的一切带到了坟墓，世上从此会失去很多珍贵的教学智慧。我会将教师日记作为无价之宝，珍藏在教学博物馆和研究所中。

我已经写了三十二年日记。在成为教师的第一天，当我跨进小学教师的门槛时，我就一直在思考一件事。在我们村子里有一名医生，每个人都认为他很古怪。同时我也看到了他所做的怪事，他测量进入一年级的儿童的身高和体重，并仔细记录了所有数据。我们聊天时，我翻阅了他的记录，令我惊讶的是他已经保存了27年的记录。

"为什么要把这些记下来？"我问。

"这是一个非常有趣的事情"，医生回答道，"看，二十七年来，这些小家伙的身高就增长了四点五厘米。恩，那他们三十年后……"

当时，还没有人知道儿童早熟。战争开始时，这名医生病重。他把笔记给了我。从上学的第一天起，我就开始记下孩子们身高、体重和智力发育的数据。现在我认为，我掌握的最有价值的信息，就是有关一个村庄五十九年来儿童成长的宝贵信息……

我连续三十二年，在开学的前两周，记录着有关孩子的视野和想法的数据。孩子们回答相同的问题。

请从一数到一百……请说出你知道的植物、动物、鸟类的名字……请说出机器的名字，并告诉我它们的用途……

我认为，这些问题的答案也很有价值。有趣的是，1935年，在一年级的三十五位学生中，只有一名学生可以数到一百，五名学生可以数到二十（当时八岁的孩子可以上一年级）。1966年，在一年级的三十六位学生中，有二十四名学生可以数到一百，其余的十二个人可以依次数到二十、三十、四十（七岁的孩子）。孩子们对机器和科技的了解逐年增多。但不幸的是，儿童对植物、动物和鸟类的了解却逐年减少。

在1935年的班级中，所有三十五个孩子在夏天都看到了朝霞，并可以描述日出。而在1966年，在三十六个人的班级中，只有七个一年级学生在六月看到了晨曦和日出。

我在教学日记中还记下了学生的家庭图书清单、学生父母的受教育程度以及父母为养育子女花了多少时间。这些材料的比较也引起了极大的兴趣。

日记中的重要部分是关于学习成绩差的孩子的。我认为重要的是要注意他们在课堂上和家庭中的智力活动中行为的细微差别。有益的、书面的观察结果对教师的工作非常有帮助。因此，考虑到儿童智力视野的相对局限性、迟缓的智力发展过程，我得出了一些结论，这些孩子应该阅读哪些科普类文学，以及该如何阅读。

写日记有助于集中思想，将精神上的努力引导到一件事情上。在我的日记中，我专门用几页记录对掌握知识的能力的想法。对这些记录的研究、比较和分析表明，掌握知识的能力取决于许多先决条件。同时日记还教会我反思。

50 关于教师抚养自己的孩子的问题

教师有必要避免一种自相矛盾的现象，然而不幸的是，这种现象依然存在于生活中：教育别人孩子的教师没有时间教育自己的孩子。我想建议为人父母的教师们：

请记住，在家里，你们不是孩子的教师，不是班主任，而是父亲、母亲。不要将家庭变成一所小型学校，请尽一切努力避免让学校的氛围出现在家庭中，这样您和您的孩子就能拥有一个良好的家庭。

养育不是某种特殊的、人为的"活动"，总的来说它是一种生活方式。在教师的手中，有一个强大却又不安全的，需要巨大的智慧和判断力的工具——对一个人的掌控力。教师们要在学校中明智而谨慎地使用这个工具，但绝对不能带回家中。您的许多习惯，传统的教学技巧都应该留在学校中。避免对孩子进行"说教"——当您的孩子了解教学行业的所有细节，知道什么是对错，教师的权力和禁忌时，这是非常糟糕的。在孩子面前绝对不能出现个别学生和教师铁面无私的特点。如果教师的孩子听到这些话，会变得傲慢自大，他们会产生一种自以为是的优越感。有时，他们对教师无礼，继而对自己的父母无礼，而此时作为经验丰富的明智教师，父母很可能会失去对自己孩子的掌控。绝对不能将自己的孩子与其他学生环境区分开。

如果可能的话，把您的孩子安排在你同事的班级里。这样会更好：您将作为父亲、母亲，更加接近自己的儿子、女儿。

尽管孩子生活中的每一步都需要培养，但仍然需要家长安排专门的时间来培养孩子。每天花点时间跟孩子说话，与您的孩子一起阅读，和他们一起体验大自然。这对父亲来说更加重要。

不要把教学过程中对学生的烦躁、紧张、不满等情绪带回家。对于您的孩子来说，这是一个非常糟糕的举动。如果孩子们从小就知道学校只会给父母造成麻烦，那么他们将逐渐对教学工作产生反感。这种感觉的不良后果——不仅是您的孩子不想从事教师职业——这其实还不是最糟的，实际上事情要复杂得多：一个讨厌教学工作的学生可能会变成一个伪君子，或是信口雌黄的人。

你们有很多好机会向孩子表达对工作、书籍和科学的热爱。从本质上讲，教师的工作就是高尚的典范。让您的儿子、女儿感受到教师工作的崇高，感受到对他人命运的衷心关注。

你们应该有自己的图书馆。你们的孩子开始上学后，请在家庭图书馆中为他预留一个图书架，培养他对阅读的热爱，对文化瑰宝的尊重。

下篇

51 是谁、是什么培养着孩子，在教育的过程中教师以及其他教育者的作用

有时候，年轻的教师会被一些关于教育的单一主导论误导，但这种言论过于直截了当。因为在教育培养的过程中，一切都很重要，每件事都有自身的意义。

当我们开始教育一个孩子时，我会将他比作一块雕刻品，几位雕刻家同时带着工具，对这一块作品进行雕刻，赋予他灵魂，让他体现人的意志。这些雕塑家是谁、有多少人呢？

塑造人格的过程受多种因素影响，首先可以肯定的是家庭的作用，在家庭中，最细致、最睿智的"雕塑家"是母亲；其次，是教师的人格，一个拥有精神财富、价值观、聪明才智、技能爱好、丰富的生活经验、个人审美、创造力和兴趣追求的教师的人格；第三，集体（儿童、青少年、青年）对每个人具有巨大的教育影响力；第四，学生的个性（自我教育）；第五，在知识、美学和道德价值观的世界中，学生的精神生活——首先，是书的作用；第六，意料之外的影响因素（一个在街上偶然结交的朋友；一位亲戚或熟人，他们来家中做客一个星期，却用无线电技术或星际世界的梦想影响了孩子的未来）。

如果所有"雕塑教育家"能像一个配合完美的交响乐团那样工作，那么很多问题都会迎刃而解，因为在教育中经常出现矛盾相向的情况。

但是每个"雕塑家"都有自己的性格、风格、优势（同时也有缺点）。有时会出现这样的情况，一位"雕塑家"会对另一位"雕塑家"的技能和

创造力持批评态度，他不仅致力于自己的细致的雕刻工作，而且还试图破坏其他人的劳动成果。渐渐地，雕刻品不再是块"木头"，它变成了一种会思考的生物，不仅可以认知周围的世界，而且还可以认识自己，不仅有理性认知，还有对内心的认知。而后，"雕刻品"表现出想照照镜子的愿望：亲爱的主人，你对我做了什么？我们的"半成品"会自己拾起工具，并照镜子（也就是说，开始专注于周围人的目光，只欣赏特定的一些人，不注意其他人，并对其他人厌恶），它开始为自己雕刻，甚至修改别人的痕迹。这就是创造力的激情在燃烧：像一把锋利的剑，刀剑飞舞，漫天碎屑飘扬，有时还会有整块掉落……

在观察雕刻的过程时，会听到敲击金属的响声和雕塑教育者的"争吵"，你会认为：关于教育中的主次关系是多么神圣纯粹！但这份神圣的纯粹可能给整个教育工作带来很大的危害！如果"雕刻教育家"没有把正确的哲学关系向父母解释清楚，那么我们可能会遇到一些家长："我把孩子交到你们手中——请教育他。这就是你们和学校该做的事情。"

你们跨入了学校的门槛，决定把自己的一生奉献于教育事业——成为一名共产主义新社会的建设者。请记住，你们不仅是一个行走的知识库；不仅是一名为年轻一代传道授业解惑，在他们的心灵中点燃了对知识的好奇和热爱的火花的师者，你们还是创造人类未来的雕塑家。这种雕塑家与众不同，非常特殊。教育是对人类的塑造——这是你们的职业。社会尊称你们为大师，因为教师在很大程度上决定着我们国家的未来。请记住，教师的任何一个小错误都可能会改变一个人的性格，给学生的内心带来痛苦和折磨。你们是人类的塑造者，应该用自己的知识技能和教学艺术为其他雕塑家树立榜样。为了使我们塑造的学生在苏联学校中成为道德、知识、美学方面的佼佼者，所有的雕刻家们必须齐心协力，必须达到创造人类的和谐之美的目标。谁能够成为这种和谐的敏感、智慧、经验丰富、细心大胆的指挥家？答案是教师。

你们的任务（教育工作者的任务）是——首先，要纵观全局，敏锐地感知每个表演者的演奏情况，防止走调。换句话说，你们需要在困难重重的教育过程中，弄清楚关键的决定性因素。必须要注意每个教育工作者在塑造人类时的努力。年轻朋友们，你们必须记住，每次小小的雕刻都会在孩子的生命中留下不可磨灭的印记。你们需要知道：谁、何时以及如何与你的作品有过接触。因此，对孩子仅有一种爱还远远不够——要深深爱上自己的创造品，要像神话中雕塑家皮格马利翁爱上了他亲手创造的雕塑加拉泰亚一样，这一点你们需要知道。同时你们必须具备分析因果关系的逻辑能力。

成为雕塑大师们合奏的睿智指挥者并不意味着严格分配义务和责任：这是家庭的责任、学校的责任、少先队的责任……人体的塑造不是零散的：耳朵由一个人创造，额头由一个人创造，鼻子由另一个人创造，等等。而这些在我们复杂而困难的工作中不会出现。从在学校工作的第一步开始，你们务必经常与孩子父母交谈——举行家长会，甚至进行单独会面。教师永远不要尝试严格地区分职责：这就是你们的责任，这是家庭的责任，而这些事我们学校的责任。智力教育不仅是学校的责任，家庭在这方面可以，而且应当做更多的事情，让我们的下一代变得更加聪明、有智慧，拥有更强的理解力和更加充沛的感情。请记住，我们在"创造"孩子的同一个问题上会产生不同的想法。你们只是教导学生诚实，保护社会主义公共财产，而另一位意想不到的"雕刻家"——甚至是教师和学生父母都不知道的人，他们教会了孩子如何偷窃和作弊。在教育孩子的过程中指挥者的智慧和技巧在于，要了解孩子的方方面面。

乌克兰哲学教育学家格·斯·斯科沃罗达曾说过："知道原因——这就意味着要了解事情的全貌。"我的年轻朋友，这一训诫值得深思。在学校生活中发生过许多这样的案例，如果教师没有了解事情的前因后果，就会得出错误的结论！事情常常会演变成：学校应该负责，但学校却给孩子的家长打电话，让父母认为自己对孩子的照顾很少，或是把孩子宠坏了，诸如此类。

　　要分辨复杂交织的善与恶是非常困难的，但是我们必须要弄清楚，这是教师神圣的职责所在。年轻的朋友，你们进入公共教育的崇高领域——不仅作为几大雕塑者之一，可以创造新的共产主义建设者——你们还应该是其他雕塑者的教师。你们的优势在于，您可以从教育科学的角度看待学生。如果我不相信人类教育科学的巨大可能性，我将不会在学校工作，也不会写这本书。你们应该成为教育科学知识的灯塔，它的光芒应照亮其他雕塑者的工作。作为教师、班主任的你们有机会影响学生家庭吗？如何进行人格的自我教育，这时教师的任务是什么？如何培养教师的个性？集体的巨大的教育力量有什么样的秘密，集体在什么条件下存在，在什么条件下不存在？应该如何通过书籍教育一个人？如何确保无法预料的因素以与学校相同的方式影响孩子们懵懂的心？在我看来，这些问题的建议对于年轻的教师将是有益的。

52 如何让母亲和父亲为孩子的学校、家庭教育做准备

我认为，现如今在共产主义社会教育的领域中，没有比教父母教育子女更重要的任务了。我们多年的工作实践得出的结论是：如果孩子的父母不关心教学文化，那么教育教学中的任何一个问题都无法得以解决。家长教育学，是母亲和父亲将孩子抚养培育成人的认知范围，也是所有教学理论和实践的基础。在产妇教育学办公室，皮罗戈娃的话写在入口处的显眼位置："要让女性明白，通过摇摇篮，创造童年时期的游戏；通过教他张嘴讲话，让孩子们成为社会的主要建筑师——让他们的双手奠定社会的基石。"这句话表达了我们在家长工作中的意图。

我们为父母开设了一所培训学校，同时里面设有专门的班级：学前班；一到三年级学生的父母班；四到八年级学生的父母班；九到十年级学生的父母班。送孩子上学的前三年，父母就开始在家长培训学校学习。每两周一次，他们听校长、教导处副校长、课外活动副校长和将在未来三年内任课的一年级教师讲课。这是1964~1967年家长培训学校学前班的学习计划（在培训学校学习的父母，他们的孩子从1967年秋天开始一年级学习）：

1. 四至七岁儿童的身心发展；
2. 如何预防孩子的疾病；
3. 孩子的作息、营养、身体锻炼；

4. 四至七岁儿童的心理教育包含什么；

5. 母亲和父亲对儿童语言和智力发展的关注；

6. 如何预防儿童神经性疾病；

7. 对四至七岁儿童的劳动教育；

8. 如何培养孩子尊敬长辈；

9. 学前教育的特点；

10. 发展学龄前儿童的需求和兴趣；

11. 学龄前儿童对现实的认知和情感的发展；

12. 如何培养儿童产生人的感情；

13. 四到七岁的孩子的养育之美；

14. 四到七岁的儿童的创造力；

15. 如何避免孩子的冷酷无情；

16. 如何教孩子克制自己的欲望；

17. 儿童对动植物的照顾，作为教育的一种手段；

18. 游戏在学龄前儿童的心理、道德、情感和审美教育中的作用；

19. 母亲是孩子的第一任教师；

20. 家庭是人际关系的学校；

21. 父亲与儿子；

22. 母亲与女儿；

23. 儿童的入学心理准备；

24. 儿童道德文化的第一要素；

25. 我们把您的孩子想象成什么样的人，以及您应该如何介绍他；

26. 父母在抚养子女方面会犯什么错误，以及如何避免；

27. 祖父和祖母是教育家；

28. 应该教授学龄前儿童什么以及如何教；

29. 如何在家庭中实现友善与和谐；

30. 如何培养亲近的孩子；

31. 如何相互让步；

32. 如何控制自己的情绪冲动；

33. 如何培养孩子产生好的愿望；

34. 如何防止儿童的任性；

35. 什么是父母的权力，以及如何利用这种权力；

36. 如何在没有惩罚的情况下教育孩子；

37. 惩罚的利与弊；

38. 对儿童的要求：允许与禁止；

39. 抚养孩子是父亲和母亲的重要公共责任。

  作为教师，你们必须就这些课题上课，对此我想提出一些建议。教导父母将养育作为最崇高、最人道的创造和高度履行的社会义务。我们有出色的班主任，他们知道如何通过家长的每一次上课和交谈，将创造人类的想法植入他们的脑海中，唤醒父母对创造出地球上最美丽、最崇高的事物的自豪感。让父母以劳动、科学、技能和创造的形式了解家长教育。

  班主任绝对不能以"严厉批评"的方式，在课堂和对话中指出父母在教育中的错误和失误。我的年轻朋友，我不建议你们这样做。在个别家庭的生活中，仍然存在着消极现象，但是如果你们开始"敞开心扉"，将个别人的不幸暴露在所有人的视野中（不会教育他人则是最大的不幸），那么来找你们的家长会越来越少，因为您会迫使他们离开学校，这是特别危险的事情，他们会失去所有的希望：无论我做什么，都不会成为好父亲，其他父母都有个好孩子，而我注定是个坏爸爸。千万不要忘记，当你们与家长谈论他们的孩子时，会强迫他们照镜子进行自我审视。别人仿佛觉得你在说：看看，你是多么得丑陋……这个建议不是在告诉大家，应该避免或消除教育中的矛盾。相反，一些人的失败可能会成为其他人的教训。没有什么比学校家庭教育中的问题更复杂更矛盾的了。学校家庭教育充满了成千上万的冲突，教师们必须智慧、熟练、机智地解决，不能过于激动。但是我们必须告诉家长孩子不好的一面，不要毁谤，不要侮辱。通常情况下，当不得不谈论孩子不好的行为时，我们不会说出忽略了孩子错误行为的家长的名字。

针对教育中错误和失误的反思，针对在与某个家庭在特定条件下进行坦率的教育对话，可以用另一种工作形式完成——与父母的单独对话，尤其是女教师和母亲之间以及男教师与父亲之间的对话。世界上没有两个家庭决定父母的精神和教育文化的条件和前提是完全相同的。每个家庭都有其独特之处。因此，与父母的单独对话（无孩子的对话）是我们学校教育工作不可或缺的一部分。我特别强调了在没有孩子的情况下进行谈话。无论在什么情况下，都没有必要把孩子们牵扯到教育过程中，困难和悲伤、好运和失误——除了伤害，不能为孩子带来益处。在一个好的家庭中，父母的友善与和谐、相互尊重、爱与守信是主要的教育影响力，而且孩子们也不会怀疑，是家庭中的完美的一切教育着他。

我们努力实现了，让学龄前儿童先进入家庭中的母亲学校。这是一所不可替代的道德、思想、情感和审美教育学校。即使是最好的幼儿园也不能代替母亲学校的作用，也不能代替父母在孩子精神生活中最微妙的作用——个性的养成。我们非常重视母亲学校对于培养人类情感的作用。在专门针对这个问题的课堂上，以及与父母的单独对话中，我们通过具体的例子展示了，如何在儿童中培养一种复杂的精神能力，使他们始终感觉自己生活在人群中，在限制自己欲望的同时考虑到他人的利益。在家长培训学校中针对学龄前儿童，我们正在逐步强调这一最困难的课程主题——学会在人群中生活。

很难评价母亲在教学文化中到底有多么重要。我们全体教学人员坚信，家长教育学是共产主义教育学的首要内容。因为母亲是一位聪明、智慧、心灵美、拥有崇高道德观的雕刻家，我们最终关心的是孩子的内心微妙和敏感的东西，还有在孩子的内心深处对善良和美的反应。

53 如何使教师的话走进学生的心

我们致力于在母亲学校中，能让孩子拥有一颗温柔敏感的心。这样，孩子不仅可以用思维、理性，还可以用心来感受周围的世界。要让孩子能够关心：有人折断树上的树枝；有一只小鸟从窝里掉了下来，无助地在草地上挣扎；花园里出现了一只被遗弃的小猫。我们需要花费不少时间向家长们解释，告诉他们如何切实为孩子的自我控制创造条件，使他们能够在必要时，表达同情、关心、抚慰、保护和担心。年轻朋友们，在这里我指的是雕刻大师们最锋利的工具——母亲和父亲，和他们娴熟的动作。在学校工作三十年后，我深刻地意识到，如果在上学后才开始培养孩子的感知，才开始对璞玉一般的家长进行教育——已经为时已晚。如果孩子没有在家庭中接受情感教育，他将无法认识世界，也无法用心理解教师的话。他可以理解听到和读到内容的逻辑含义，但他无法理解情感、精神上的深层含义。

这是学校家庭教育中非常困难的问题之一。为什么经常发生这样的情况：在开学几天后，孩子对教师善意的话根本没有反应？为什么教师不得不大喊大叫并用拳头敲桌子？为什么在上课一个月后，孩子已经被安排在角落里，接受惩罚，但没有任何效果？问题的根源是没有对孩子进行过情感教育。

年轻的朋友们，如果你们致力于让将来的学生对教师说的每一个字都敏感，能感受到你们说的每句话——那么请你们注重孩子在家庭中的情感关系。内心的孤独对道德的危害，与缺失人性的思考一样危险。要使孩子与其他人保持着相互负责，相互吸引，尊重和照顾的联系。未来学生的道德在很大程度上取决于，他是否将自己的一部分内心奉献给他人，或是否用担忧和有限的利益将自己封闭在自我的世界中。个人主义始于没有受过培养的感受。

对未来的学生进行家访（可以在三年内至少拜访每个孩子家庭两次），感受带给孩子欢乐的原因：是长辈给他的东西，还是他用自己的微薄力量帮助他人。如果他喜悦的唯一来源是父亲和母亲创造的财富消费，那是非常糟糕的，因为你们的学生将会在求学过程中情感淡漠。应与家长（父母双方）交谈，共同思考如何找到男孩或女孩的其他欢乐之源：他们在花园里种的树或玫瑰丛，一个供人休息的小葡萄架，一个他们创建的水族馆、图书馆，一个父母常去休息的美丽的角落。要知道，通过关注这一点，你们就可以丰富孩子的内心，为其在上学期间进行的道德、思想、审美和情感教育打下坚实的基础。

对学龄前儿童进行高尚品德的教育时，请勿对孩子采取体罚的措施。没有比"强制"的自愿手段更有害和更危险的了。一条皮鞭一个巴掌，不是温柔深情的字眼；一把生锈的斧头，不是温柔细腻而又锋利的雕刻刀。体罚不仅是身体上的暴力，也是对学生精神的暴力。皮带不仅使学生的后背疼痛，还会让他们心灵麻木。一个在家中习惯皮鞭和巴掌的学生，在学校会对善良的话语置之不理。我知道那些遭受家庭暴力的孩子，会变得残酷无情。因为那些被打的人也想去殴打别人；那些在童年就想打人的孩子长大之后就会想要杀人——可以说犯罪、谋杀、暴力根植于童年。我在家长培训学校的学前班为父母讲了十年的课。多年的教育工作使我深信，将以下真理传达给父母，并根植在他们心中非常重要：在童年时期为灵魂中播种的任何一粒种子，在孩子长大后就会变成一棵大树，播种的种子和土壤决定了一切。如果在孩子上学的三年，我没有让孩子的心变得敏锐、温柔、善良、刚正不阿、疾恶如仇，我将愧对人民教师这个称号。

同时，如果你们希望自己的每位学生都成为一个真正的人，请让家长从孩子四五岁起就开始就培养他们劳动的习惯。当孩子已经学会握住勺子，并能够将勺子送进嘴里开始，他就必须开始进行劳动。民间教育学早已教导了我们这一点，我们在教育工作中应遵循这一古老的智慧。不要担心过早地让孩子进行劳动。有人担心："哦，这太早了！"——这一刻其实就已经晚了。我们认为教师的神圣职责是鼓励家长，让他们5~6岁的孩子在春天为亲人种下苹果树和葡萄藤。实际上，年幼的孩子可以胜任这项工作，当然，如果哥哥和姐姐可以帮助他们。然后，由孩子们负责照看苹果树和葡萄藤，他们的梦想是为母亲、父亲、祖父和祖母带来欢乐——用水果回报他们。

形象地说，这就是在教师的指导下对土壤的情感耕耘。对于一个在入学前就经历了无比喜悦的孩子——用自己的双手为妈妈种植了葡萄藤，"妈妈"这个词听起来，与只通过消费获得喜悦的孩子完全不同。年轻朋友们，要知道，只有在充满爱心、仁慈、没有责罚的环境下长大的孩子，才能理解创造的快乐。

读到这里，读者们可能会有疑问：教师有可能完成所有这些事情吗？他可以应付得来教育眼前的学生的同时，还要为四至六岁的学龄前儿童做准备工作吗？

我的回答是：在工作中，即使我们什么都不做，也就是说不产生任何实际贡献，归根结底，也不会减轻我们艰巨的工作。但事实是，这些对学龄前儿童成长的关注都得到了一百倍的回报。正是这些关注使我们的工作更加轻松，我们不会遇到其他学校所面临的困难。据我所知，这些学校甚至没有组织正常教育流程的机会。我们学校没有那些小学生不遵守纪律、不愿意学习的问题。实际上，我们甚至不知道应该用什么样的形式在学校中采取惩罚。这些成功是我们与家长共同努力的结果，有着极其重要的作用。我们不向家人发出命令：请你们这样做，请无条件地服从我们的要求。关键在于，我们就像两位雕塑家并肩工作，对目标的想法相同，朝着同一方向行动。的确，在创造人的过程中，两个雕塑家拥有相同的立场和目标是极为重要的。

54 如何让作为教育者的父母团结一致

我们必须确保，母亲和父亲对学校中的孩子有共同的目标、相同的要求——首先是对自己的要求。要确保父母作为教育者团结一致，就应该教导母爱和父爱的智慧、善良和严格的和谐，温情和要求的和谐。我们十分谨慎，在不触犯个性的前提下，致力于防止父母在自己内心中最敏感的领域犯错。在没有家长教学法的智慧指导的情况下，父母的爱会毁了孩子。我们来看看实际的例子，看看那些溺爱、专制、物质的爱会给孩子带来怎样的危害。

在亲子关系中，溺爱是最可悲的事情。这虽然是本能的爱，但又是不合理的爱。换句话说，这是种傻瓜之爱。父亲和母亲为孩子的每一步而欢欣鼓舞，却没有考虑到这一步是什么，以及它将导致什么。一个备受溺爱长大的孩子不知道在人类社会中有"可以""不""必须"的概念。在他看来，自己无所不能。他会成长为一个反复无常的人，通常是痛苦的人，对他来说，生活中的一丝丝困难都可以成为难以承受的负担。这种孩子，就是我们常说的利己主义者。他不知道对父母的责任，不知道如何工作，也不想工作，因为他没有注意到别人，也没有用心去感受周围的人，尤其是他无法感知母亲、父亲、祖父、祖母都有自己的愿望，有自己的需求和自己的精神世界。在他看来，他生活在世界上就已经为他的父母带来了欢乐和幸福。只有教师与家长协同教育，才能防止过度溺爱。这里谈论的是对家长的感知教育，而感知是非常微妙的事情。为了培养年轻父母的感知，我们邀请学龄前儿童的父母，也就是我们未来的学生家长，不仅要在家长培训学校中上课，而且还要参加一种讲习班。在未来，小学低年级的学生（尤其是一年级和二年级）参加集体义工活动时，年轻的父亲和母亲会帮助我们。他们与我们一起管理，教导孩子们管理自己的欲望，使他们服从工作、纪律和团队的意志。在这种情况下，作为教育者，他们教导孩子们时，也会自我学习。

请告诫家长们，还需要防止另一种不理智的，但也是本能的爱——专制的爱。专制之爱的土壤中孕育着一些家长的自私和低文化素质。他们把孩子当作物品，就像我的桌子，我想把它放在哪儿就放在哪儿；我的女儿，无论我想要什么，脑子里想到什么，我都会直接说出并要求她。我认识这样一位专制的父亲：他给 15 岁的女儿，一个 8 年级的学生，买了时髦的鞋子和漂亮的裙子。他下令将鞋子放在女孩学习的桌子旁边，并将衣服挂在旁边。他警告说：到第四学季末，所有科目不低于四分时，她才可以穿这些衣服和鞋子。一旦有一个三分——就别想碰这些新衣服了。

年轻朋友们，在我们的社会中也有一些人，他们体验过凌驾于他人之上带来的满足感。要知道处理这种情况非常困难。首先，我们作为学生的教师，必须与之抗争。绝对不能让任何一个家庭中出现吹毛求疵、刁难、歇斯底里和斥责——在这样的氛围中，我们的孩子会感到痛苦，这在我看来是对年轻人恐怖的打击之一。在家长培训的课堂或是与家长的谈话中，请向他们解释吹毛求疵如何使一个善良的人变得残暴，残暴如何将心灵交流消灭，而这种心灵交流恰恰是正常家庭中应有的善良、合理克制和谦让的情感来源。这种心灵交流是爱抚。在童年时不懂亲近的人在青春期和青年时期容易变得粗鲁无情。

你们可能已经听过某些父母焦虑的想法：当我的儿子还是个小孩子时，他很友善，乐于助人，非常听话。但长大之后，他却变得粗鲁、任性。为什么会这样呢？怎样向父母解释？我们能给出怎样的建议？我无数次确信，造成这种情况的原因是家长不会行使父母的权力。这种情况下，与父亲和母亲一起谈话尤为重要——毕竟，父母的权力是智慧和意志的统一、情感和渴望的结合。如果两个成年人只热爱他们爱情的结晶，没有智慧的融合，那么父母的权力就会变得专横。如果只有孩子感觉到，他的父母对"可以""不可以""必须"概念的看法有所不同——那么对他而言，最合理的事情可能是暴力、强迫和践踏他的自由；那时，父母不得不怀疑：为什么没有巴掌、皮鞭和棍子就教不会他生活？因为孩子认识到这些聪明、必要的要求，已经成为压制自己意志的邪恶力量。

家长还需要避免另一种不明智的父母之爱——物质的爱。有些父母天真地相信，满足儿童所有的物质需要，他们就履行了父母的职责。孩子穿好衣服，穿好鞋，吃饱饭，身体健康，拥有所有的教科书和教辅工具——你们还想要什么？这种父母认为，物质可以衡量父母对孩子的爱。在这种情况下，学校会遇到少数在道德和情感上厚颜无耻的父亲和基本上没有通过日常共同精神纽带与孩子联系在一起的母亲。本质上，他们不知道什么是父母之爱。孩子在道德和情感上的厚颜无耻，冷酷的态度，并不总是父亲文化程度低所造成的。这是由于他们将养育孩子视为完全独立的概念，用一堵石墙与社会责任隔开。

要预防这种问题，就需要向父母，尤其是父亲，提供有关抚养子女的建议，这些建议应包括父母的社会责任、对子女未来的责任等思想。

如果在一个家庭中，父亲认为自己的责任仅是满足孩子的物质需求，同时母亲也没有成为孩子精神生活的中心，那么孩子们就会被精神空虚和肮脏的氛围所包围。他们生活在人与人之中，却不了解他们，这是这类家庭中最危险的事情；孩子们还不能感知细微的情感，比如亲近、关心体贴、同情心和怜悯。他们长大后会成为无知的人。对于这些孩子，学校的教育责任尤其重大：他们必须进入一所特殊的学校，在教育机构内部进行情感教育。这是理论和实践教学法的全部问题。但遗憾的是，本节基本上没有讲述教育的理论部分：没有人专门研究如何教育情感，尤其是如何教育因家庭环境，道德情感世界遭到破坏的孩子。

55 学校的感知教育

这里将要讨论的是教师和父母共同努力的结果。我们不仅会谈论那些在缺失父母关怀和情感交流的家庭中孩子的教育，还将谈论所有孩子的道德情感的培养。

教会孩子用心去看、去理解和感受别人，是教育花园里最精致、最迷人的花朵，这被称为感官教育。我们对孩子的爱应该使孩子能用敏感的心认识周围的世界，认识人所创造的一切，当然，最重要的是，认识人本身。我坚信，孩子心中对高尚情操的感知，始于他对人的态度的人性化，对崇高精神的纯洁、崇高的敬意，首先是对父母的尊重。

孩子们刚刚迈入学校的门槛，他们变得独一无二。在学校生活的头几年，学校与父母之间的联系有独一无二的意义——我强调的是与父母双方，母亲和父亲。学校校长、教师与父母之间的个人对话、进行的思考和给出的建议——这是我们的教育实验室。我们共同思考孩子应该做什么，应该参加哪些积极的活动，怎样让他用心感到自己生活在人们中间。

我们与父母共同确保学习期间，尤其是低年级时，让孩子们认为学校是亲切的。学校最有价值的课程是创造美、关注美，赋予孩子审美愉悦、欢乐和满足，让孩子拥有神奇的创造力。儿童为家庭、母亲和父亲以及其他人创造美丽。

在秋天，我们会举办玫瑰节。这既是家庭节日，又是学校节日。首先应该是家庭的节日。孩子们不需要聚集在一起，没有那么庄严：不幸的是，其中很少有真诚的、真实的感受，而且还会有很多不符合天性的假装。孩子们的聚会主要在家庭中度过，但为孩子们庆祝节日做准备的是学校。

秋季玫瑰节是每一个孩子为父母在花园里栽种玫瑰花的日子。我们让孩子栽种、照看玫瑰，创造美丽，给母亲、父亲、祖母带来快乐。

栽种玫瑰使他们不得不学会：开垦土地，保护植物免受降温的影响，习惯于操劳和日常劳动。劳动成为他的快乐，这项活动的益处，还远远不止这些，最迷人的鲜花在他们的概念中是触不可及、不可思议的未来。孩子还不会耐心地等待，也不会追求目标，这就需要教导，通过劳动来教育他。

但很快就出现第一个、第二个、第三个花蕾。花苞绽放，红色、粉红色、蓝色、天蓝色的花瓣在阳光下闪耀。这时孩子们眼中看到的是无与伦比的喜悦。这与孩子从父母那里收到礼物，不是同一种快乐。这不是休闲、放松的喜悦，也不是期待已久的游玩的乐趣。这是为最亲爱的人（母亲、父亲、祖父、祖母）完成善良之举的喜悦。而这种善良使孩子们感动、快乐的原因仅仅因为善良是一种美德。

对我来说，没有什么比看到孩子摘下一朵玫瑰花并将其送给母亲的那一刻闪闪发光的眼睛更高兴的事了。在这时，孩子的眼睛因纯洁的光辉而炯炯有神，他们内心深处充满欢乐。

这是感知教育中非常必要的，也是重要的课程之一。一个通过创造美获得喜悦的孩子，将拥得全新的美德标准。在结满苹果的树枝上、在成熟的葡萄串中、在菊花的花蕾中，他看到了劳动、耕耘甚至是不安感。他不会举手折断树枝，也不会摘花。当然，年轻朋友们，我没有用某种抽象的方式将美理想化，去表达美本身的含义。只有将崇高的理想、共产主义人类观作为标准，美才成为强大的教育力量，共产主义人类观有：对劳动人民的热爱，对阶级敌人、对社会的不公正、对人类压迫的仇恨、抵抗和不妥协。

学校生活的第一年过去了，孩子们升入了二年级，我们将和学生们一起装饰感恩园。这是一个花园，作为礼物赠予工作了四十、五十、六十、七十年的老人，还有一些甚至已经工作了八九十年的老人。通常，为了建造感恩园，我们把一块废弃的、贫瘠的土壤培育成一片肥沃的土壤，在上面种植葡萄、苹果树、梨和李子。这不是一件容易的事——常常需要搬运来数十吨的肥沃淤泥，使生命之源在土壤中苏醒。但是，这项工作被赋予了很高的目标：我们给人们带来欢乐。这项工作的乐趣是其他工作无法比拟的。

当感恩园里的第一批果实成熟了，孩子们会邀请德高望重的村民——他们的祖父和曾祖父一起来花园参观。在培养尊重方面，最重要的是培养对老年人的尊重。对人不尊重，甚至对老年人的漠不关心，会对社会造成严重的影响——冷漠无情、邪恶、精神空虚、犯罪。

亲爱的朋友们，请带领你们的学生在发展美德的道路上前进，在那里劳动被赋予了崇高的精神。当你们看到，自己的学生在感恩园摘水果，并将它赠予辛勤劳动了半个世纪的人时——这一刻将在学生的生命中留下不可磨灭的印记——他已经在道德发展上达到了顶峰。

体验过创造美好的喜悦，孩子就会获得心灵的宝贵财富：无论何时何地，他都会用心感受同学、朋友与任何附近的人需要的帮助。一个创造过美好、回应过他人需求的孩子——马克思把这种需要比作一个人最大的精神财富——这种孩子善于观察、乐于接受，会成长为一个对周围世界的人、行为、事件、人与人之间的关系非常敏锐的人。

56 如何才能让孩子愿意好好学习

我坚信，促使孩子主动进行智力活动的最有效的刺激方法是——赋予智力活动灵魂，使学生渴望给亲人、给父母带来欢乐。真诚而富有同情心的孩子可以在同一事物中看到邪恶的一面，即使这件事乍看起来没有任何不好的地方。"我必须好好学习。"四年级学生科利亚曾对我说，"我的妈妈有心脏病。"孩子觉得如果他的成绩单上出现一个不好的标记，妈妈就会感到悲伤。他希望他的母亲保持冷静。他知道，通过他的劳动，他可以安抚母亲的心，而不会让她难受。

如果你们希望，孩子们能够渴望好好学习，并通过这种方式为父母带来欢乐，请培养、珍惜、发展他成为勤劳的工作者的自豪感。那么这就意味着孩子必须亲眼看到、亲身感受到他在学习上的成功。不要让孩子经历自卑的苦涩和绝望。乐观和自信是连接学校和家庭的强大动力，是吸引父母来到学校的魔力。如果孩子的乐观主义世界已经遭到破坏，则意味着在学校和家庭之间已经砌起了一堵石墙般的隔阂。

为了保持孩子乐观向上的状态，形象地来说，父母必须站在儿童知识的摇篮上，直接参与到儿童的教育中，为他的成功感到高兴，设身处地地去理解孩子的幸运和悲伤。母亲教学法不仅是培养，也是训练。在开始上学的前两年，我们就已经有目标并制定了学校与家长共同工作的详细计划，目的是教会孩子基本的识字和算术知识。学生在上学前每周要去学校一次（开学前六个月每周两次），与未来的教师一起学习和工作。孩子们学习读书认字，学会解决问题。当然，如果不在家中继续进行训练，那么每周学习的这一个小时将毫无作用。在家长培训的课堂上,我们教父母、祖父母、外祖父母如何教孩子读写和算术。我们已经开发出了有趣的家庭教学方法。这些方法是基于孩子对知识、书籍的浓厚兴趣,将游戏与有目的的智力活动相结合,让孩子与父母之间不断进行精神交流。为了教授识字和算术,高年级学生为我们的孩子制作了特殊的视觉教辅工具。进入小学一年级,孩子已经掌握了识字和算数,这极大地推动了以后的学习,让智力活动变得更加有趣。不仅如此,为上学所做的准备在精神上将孩子和父母凝聚在一起。父母深切地关心孩子的成功和失败,他们掌握了尊重孩子渴望变好的科学方法。在学龄前教育时,父母要避免这一错误思维:如果给孩子"适当的"压力,孩子就会得到五分或四分。我们一直努力使父母们明白:学习成绩不能体现道德的评估。如果违反了这条原则,父母将会给孩子造成严重的伤害,有时甚至会伤害心灵。对学科成绩和道德评估的过分追求,是盲目寻求表面可靠的数字的结果。我们认为不能通过表面的东西直接得出结论:好成绩就等于好孩子。如果成绩"不是我们想要的",就评定学生"未达到要求的水平"。这种怪异的教育学观点,会使具有不同特征、品质、能力、倾向的和谐统一体——学生的多样性消失。

但令人担忧的是,这种观念已经渗透到许多家庭中,进入了公共社会的思维。我没有办法心平气和地听某些消息、读某些文章,因为里面的观点格外"引人注目":三分是软弱的、无能的体现。亲爱的教师们,我们现在该坚定地对自己说:学生得到三分的成绩是令人非常满意的结果。顺便说一句,如果所有教师都能对这些成绩有正确的认识,那么弄虚作假将不复存在——不尽人意将不会评为三分,但不幸的是,三分经常出现在许多实际情况中。同时父母也不会对孩子提出要求:毕竟,每个人的能力都不同,一个人很容易得到四分五分,而另一个人得到三分就已经是巨大的成功了。我们国家即将普及中学教育,作为教师更应该牢记这一点。

57 随着孩子的成长和发展，如何加深对父母的教育工作

在学校与父母的工作中，我们贯彻了许多教学思想。我们特别重视家庭精神生活和学校教育的统一。教师努力说服父母，使他们在家庭中树立尊重科学、文化和书籍的精神。我们与学生家庭一起举办了读书节。读书节的意义在于，让父母为家庭图书馆获取文学经典。我们在家长培训学校中开设了有关书籍的讲座，并与家长一对一沟通。我们致力于从多方面满足儿童精神上的兴趣和需要，其中最重要的是读书的需求。我们已经成功地为许多家庭制定读书时间：下午儿童和青少年到家庭图书馆或学校图书馆看书。

在这方面，我们非常重视另一种教学思想——学生的自我教育，家庭里没有书，这种自我教育就不可能完成。我们努力教会学生懂得合理利用闲暇时间，享受空余时间，用思考满足和发展精神需求。

我们告诉父母，从孩子有意识起，就要在他心中建立并深深烙印上公民的特质。公民意识和公民情感的根源可以追溯到童年：在孩子心灵中撒下的一粒种子，会迅速生长，并深深扎根。我们对如何培育这些公民种子，如何孕育出公民意识非常重视。重点是，我们要教会父母让家庭中、孩子的精神世界中反映出公共利益。提高孩子的意识，使共同的利益、对他人利益的关心成为未来公民的个人事宜；使他的思想和情感世界不受物质需求的限制。这里再次强调，一个人在童年时期所经历的快乐的来源，很大程度上决定了他的道德水平。生活为我们的孩子提供了很多机会，可

以让他们用心体会起初并不在意的东西。帮助父母了解并用心感受这些可能性，让他们把教育看作一种创造。在您家院子对面的街道上，生长着一棵小树，不知道是由谁栽种的，如果没有精心照料，这棵树将死亡。如果您正在上二年级的儿子没有在心中建立起公民情感，他将永远也不会在意那棵小树。让他照顾一棵矮小的树，给它浇水，保护它免受虫害。请帮助他再种植三棵树——让他体会到为人奉献的第一种自豪感。随着孩子年龄的增长，他身上的担子就越来越重，因为这是公民情感、为国家忧虑的重要基础。

在我们与父母一起工作的过程中，青少年的社会成熟度问题也值得注意。在这个非常敏感且难以察觉的精神领域中，学校与家庭的共同努力尤为重要。没有家庭的配合，学校什么也做不了，离开了母亲教育学，研究社会成熟度无疑是在浪费时间。青少年和青年的社会成熟度最重要的评判标准是对家庭财政的劳动贡献。我们认为，在毕业前的大部分时间里，男孩和女孩不能只是物质商品的消费者，同时这也是某些青年幼稚的主要原因。我们与家庭一起关注初高中学生的社会成熟度问题，努力让每个年轻人都参与社会生产，真正做到不是出于学校设立的教育目的，而是出于物质目的——创造物质财富。正是这一更重要、更有实际意义的目标，将学生的学习劳动从具有学校色彩的课堂上脱离出来，转向生活本身。在学校的学习工作越少，更确切地说，是教条主义的工作越少，真正的教育意义就越深刻。由于学校和家庭目标的一致、对青年和青少年工作要求的统一，在我国已经形成一种传统：从 10 岁开始，学生要通过劳动来获得教科书和教辅工具；在 12~14 岁之间，青少年要自己赚取购买冬天的鞋子和衣服所需的钱；在 14~17 岁之间，男孩和女孩要通过自己的努力赚取一整年的衣服和鞋子所需的钱。

人的思维方式取决于工作方式和目的。如果学生时代的工作是对教育的一种多余的补充，那么这些工作对未来没有任何意义，也没有对职业规划的指导意义。如果青年、青少年对待工作不认真，没有将它看成是一份成年人的工作，我们就无法与父母就孩子的思想成熟度、课堂上的独立性、公民责任感和道德准则进行谈话。

58 如何与学生家庭一起
　　指导孩子的劳动

　　我再次强调，儿童、青少年和青年的工作在家庭经济、物质生活中起着非常重要的作用，是家庭的必需品，因为父母会将其视为儿童的神圣责任。如果没有学生的实践工作，那么学校的教学方法就没有任何作用。如果一个家庭不需要孩子工作，如果父母拼命只想让孩子的生活更轻松，使他们摆脱劳动，摆脱由学校组织的每周、每两周、每月一次的社会实践活动，让他们继续不停地玩耍——慢慢地，孩子会想要从令人厌倦的游戏中解放出来。只有成为经济的必需品时，实践工作才能获得教育意义。如果是这样，那么，正如大家所说的，其他一切都会水到渠成：学习是一种工作，父亲生病了且无法正常工作会唤起孩子真正的成年人思想。

　　在农村学校，解决学生实践工作的组织问题非常容易。是的，我再重复一遍，我们正在谈论学生的实践工作。当工作对一个学生而言，不再是抽象的教学习题时，这个学生才能长大成人，成为一个真正的人，否则，他就可能沦落到没有饭吃，没有衣服和鞋可穿的境地。我们与家长一起，努力为孩子们寻找力所能及且有意义的工作。7~8岁的孩子与他们的母亲以及哥哥姐姐们一起在蚕桑厂工作：他们准备（剪下）桑树枝，将它们摆放到架子上，并清理垃圾。9~10岁的男孩和女孩除了在蚕桑厂工作外，还可以挑选玉米穗，准备蔬菜的种子，收集当地的肥料并在种植蔬菜的土壤中施肥。十二岁的孩子可以烘干草垛、采摘蔬菜和水果、赶羊和牛。

　　青少年可以照看农场的牲畜、保存饲料作物、清洗种子；12~14岁之间的男孩可以使用菜园的拖拉机工作。青年可以操作各种农业机械，耕种土地，为经济作物和蔬菜作物松土，播种和采摘果实。

年轻的朋友们，也许你们会觉得让孩子们过早地参与真正的生产劳动工作是不同寻常的。我知道我们的劳动教育制度引起了一些教师的关注：孩子们有时间休息吗？他们会超负荷吗？我们没有这些担忧。不是我们提出的这个教育制度。这些是人民传统教育智慧的传承：孩子帮助父母工作，父母的工作不能缺少孩子；只要孩子学会了用自己的手，将勺子从盘子里拿起来，并放进嘴里，他就可以开始工作——不是为了练习，而是因为所有的孩子都要通过劳动去体会生活的真正含义。

人民教育学清楚地描述了孩子可以做什么，不可以做什么。因为它将生活的智慧与母爱父爱有机地结合在一起。在人民教育学中不用担心实践工作会带来疲劳，因为没有汗水和茧就不可能完成工作。

人民教育学了解实践工作的神奇力量，为我们找到了书本教学理论之外的教育智慧。我们坚信，只有汗水、茧和疲倦，才能使人的内心变得敏感柔和。通过实践工作，一个人学会了用心认识周围世界。已经有实践工作经验的孩子与不了解实际工作的人会以完全不同的方式看待他人。

59 如何用实践活动提升学生的内心、培养人格品质

我记得有个叫佐娅的小女孩。她的妈妈非常爱她，会满足她所有的愿望。有一天她的母亲生病了。这是一种长期的、使人越来越虚弱的疾病，她母亲的健康状况时好时坏。佐娅三年级时，我们班级组织了一次沿着第聂伯河有趣的旅程，为期五天。佐娅的母亲来学校问我，应该为女儿的旅行准备些什么。这位母亲的状态不是很好，但她试图隐藏自己的病情。我很艰难地说服了母亲不让佐娅去旅行：她怎么能留下一个生病的母亲？我从课上把那个女孩叫出来，跟她说她不会去旅行了。佐娅哭了起来。

"你不知道妈妈生病了吗？"我问，"她病得很重。她要花费很大的力气来显得自己很健康。你不担心吗？"

这个女孩困惑地看着我。"我怎么知道？"佐娅轻描淡写地说，"妈妈没有说她是病了还是健康的。"

那个女孩显然对我不允许她和同学们一起去郊游很不满。理智告诉她，她不能离开母亲，但她内心却不这么认为——这就是悲哀所在。

我花了很多年的时间才唤醒这个小女孩的心。我的第一个教育问题是让佐娅为母亲和同学们做出贡献，并感到自豪。看到她眼中闪烁着自豪的光芒时，我可以说：现在诞生了一个真正的人。

现在佐娅已成年，有两个孩子。她的大儿子是一个学龄前儿童，我们正在和佐娅一起教育培养他。

学校应该培养共产党的一分子。在我们创造的社会中，人们应该是朋

友、同志和兄弟。只有当一个人为他人的幸福而献出自己的灵魂时，才能表现出这些崇高的品质。奉献精神财富是获得精神财富的唯一方法。只有在一个人为另一个人劳动创造时，人际关系才能体现得淋漓尽致。劳动是一个深邃的概念，因为它与人有关。劳动不仅存在于人种粮食或种树的地方。最微妙、最复杂的劳动是，当一个人面对另一个人，从他的眼中看到，从他的言语中自动读到需要帮助的请求。这种劳动是人类最高尚的精神活动，但是要想达到顶峰，就必须经历初级的步骤——为家庭的物质生活而努力，为衣食住行创造必要的物质条件。

60 如何与学生父母共同培养 "未来的家长"

是的,这项工作只能与学生的父母一起完成。学校培养的不仅是国家的公民、劳动者,更是未来的家长、下一代的教育者。我们教师有义务防止学生对婚姻、爱情和养育孩子产生消极态度,然而不幸的是,这种态度仍然存在于年轻人中。我们应该与家长一起解决这种担忧。在家长培训学校的课堂上,我们会告诉父母,当孩子们处于青春期时,会遇到生活中的哪些挑战。我们应努力在性启蒙的问题上,与学生家长达成一致。然后,当孩子度过青春期长大时,我们与他们进行对话——男教师和父亲与男生谈话,女教师和母亲与女生谈话。在学校多年的工作经验使我确信,这是一项必要的工作。可以说,这项工作是最特别、最细腻、最谨慎,同时又是最触动年轻人心灵的工作。我们教会男孩女孩如何生活,如何成为真实的人,而这项任务只能托付给最敏感和最人道的教育者——父母。

我们教导孩子们和父母:没有一门专门教授爱情的"科学"。这是一门人类的科学,而孩子一出生就已经掌握了这门科学,已经做好建立崇高的精神、心理和道德美学关系的准备,并已经能够创造、抚养下一代。爱是人类最严格的考验,当一个人在童年和青春期时,将这部分的精力放在其他人身上时,就已经通过了这项学科的初次考试。

年轻的朋友,我建议你们:要培养学生的创造力——去创造下一代,教育他们的思想、意志和感情,因为这三者有着千丝万缕的联系。思想和意志在精神生活中是控制性欲的开关。不要轻信某些作家和媒体的言论,他们认为欲望是无法被控制、不能被命令的。这些言论是一条柔软的面纱，他们试图掩盖性放纵和列宁主义中强烈反对的"爱的自由"。

我的年轻朋友，我们要教会刚刚踏入社会的年轻人这样的人类真理：爱，首先是对所爱之人的责任。小偷和流氓只追求爱情。爱意味着首先要付出，对心爱的人献出心灵的力量，为他创造幸福。

让你们的学生一辈子牢记婚前的男女关系应该如何，在男女关系中精神和美德因素的比例应该如何，这些都决定了人一生的道德忠贞。

不要害怕告诉孩子：什么是家庭生活，情感和物质是如何交织在一起的。我们告诫男孩和女孩不要用感情掩盖对家庭物质生活的理性、清醒的想法。有一句古老的谚语：跟亲爱的人在一起，住在窝棚也是天堂。但如果没有生活必需品，那就不再是天堂，而是一种折磨。在考虑组建家庭前，需要掌握专业知识，有固定的经济来源，能够顶天立地——我们要这样教育年轻人。

语言在教育中起着重要的作用。但只有在一些必要的条件下，语言才能深深地烙印在年轻人的心底。我必须再重复一下，只有那些努力为人民创造幸福、带来好处的人，才能对教师的话语深有感触。把教师的话铭记于心的条件是，学生在青春期早期或在青春期时就已拥有重要的道德和劳动经验。想要做到这一点，首先，要唤醒年轻的心灵去体验为人行善的快乐，然后才会慢慢理解充满正能量的语句——这是教师对孩子心灵的教育的逻辑过程。在这种影响下，积极的精神活动才能与话语有机融合，在教育未来的丈夫妻子、父亲母亲的过程中，这种融合特别重要。教师的话语会使世界形成尊重妇女的河流，如果缺少了学校和家长的共同努力，这条河流很快就会干涸。

61 让孩子们尊重女人——女孩、母亲

年轻的朋友们,请告诉你们的学生:真挚的爱国情感始于对母亲的爱。请教会学生观察生活:生活中有许许多多复杂的人际关系,这些关系会直接教会孩子们,有时可能是醍醐灌顶,我们不能袖手旁观。

那是一月里寒冷的一天。因为到处都是雪,我的八年级学生们差点不能上学。学生们聚集在温暖的学校走廊上躲雪。有一个人想起来:一个老奶奶住在我们家旁边,她现在还好吗?第二天还要下雪,我们去找她吧,我们怎么能安稳地坐在温暖的教室里,却忘了雪已经覆盖了小房子呢?或许都没人给老奶奶倒水喝。

穿过雪堆,我们勉强到达老奶奶的房子,打开门,却发现奶奶发烧了。该怎么办?我们给医院打了电话。

必须将患者送往医院。集体农场提供了汽车,但老奶奶已经虚弱到不能步行走出院子。奶奶呻吟着,因为高烧在床上翻来覆去。在孩子们的眼睛里,闪着泪光——这是我从未见过的,这是一种希望帮助他人的勇气和渴望。我们制作了一个担架,用皮草外套包裹着病人。我们六个人一起抬担架。六个人在抬,十二个人在前面开路,每两百米互相换一次。我们的计划是:每到一个雪堆就换人抬担架。外面雪花纷飞,大风把雪花吹进眼睛里,外面零下二十度,我们却出了一身的汗,感觉不到冷也不觉得疲劳。我们花了五个小时才到医院,直到黄昏,我们才终于把病人送到病床上休息。

这一天我见证了男子汉的诞生与成长——十四岁的孩子已经开始勇

敢起来。他们将永远不会忘记这一天。现在他们已经敞开心扉，热切地从我的话里想了解关于女人、母亲、女孩、美丽和勇气的话题。连续几天晚上，我们聚集在思想室里——我感到可贵的行为使学生们的灵魂得到了升华，收获前的耕耘——教师的教导，在这种情况下变成了一种强大的力量，而在其他情况下则没有任何效果。如果关于女人的词汇能使年轻人的心跳得更快，那么这个词就使青少年迈出了勇敢的第一步，让他们以后能够以女人的名义行高尚的事。

我向学生这样介绍作为母亲的女人：孩子，永远不要忘记她是生命的创造者。她给了你们生命，抚养你们，向你们展示了美丽的世界和语言，将善与恶，荣誉和耻辱的最初观念带进你们的内心。孩子们，请记住，母亲永远最关心自己的孩子。在孩子们的心中，善良是带给她幸福，而邪恶则是给予她悲伤。每个女人都是母亲或未来的妈妈，她以自己的方式深刻地、美好地感受着对整个人类群体的责任。怀孕使女人更加美丽而智慧，从女人成为母亲的那一刻起，她的感情就具有了崇高的意义，除她之外无人能及。

62 作为教育工作者，教师应该具备的素质

乌申斯基的话至今仍是不可撼动的真理："教育者的个性是教育的基础，因为教育的力量源自人类的人性。任何法规和程序，任何学校机构，无论有多少神奇的发明，都不能在教育方面代替个人的力量。没有个性对学生的直接影响，教育就不可能产生深远持久的影响。只有个性才能发展、建立个性，只有性格才能形成性格。"

生活经验使我们相信，学生是教育者的一面镜子。教育的技巧在于能够站在学生的角度去思考、去感觉、去体验。"受过良好教育的人总是充满人性光辉的"，卢纳察尔斯基这句睿智的话语使我们思考教师的真正角色。教育不仅要传授知识，还要展示人类形象的多样性。教师的培养力量取决于教师与教育者角色融合的程度。如果说：学校给学生带来知识，那么这种知识的教育能力首先来自于教师个人。

年轻的朋友们，把自己的个性保留在学生身上，并不意味着将知识机械地转移到他们的大脑中。我们要记住，在帮助一个人了解周围世界的过程中，我们会成为他们心中所认知的周围世界的最重要元素。当一个人了解世界时，他也会了解我们。我们传授的知识与个性密不可分，它们与人类的感受和经验融为一体。这种融合是教学和教育工作的"秘密"之一，我认为也是人的形成过程中最难把握的时刻之一——将知识转化为信仰。事实上，我们的学生对在学校获得的知识的态度在很大程度上取决于学生与教师——知识的灯塔的关系。一个热爱自己学科的教师也会让学生对知

识、科学和书籍产生热爱。教师的话不仅充满着有关学科的知识，而且还承载着思想的情感内涵。只有站在学生面前的是一个热爱自己所教学科的人，学生的情感才会被唤醒。

什么是对学科的热爱？这种热爱从何而来？如何培养对学科的热爱？我坚信，这首先源自教师丰富的知识。只有在课堂中讲解的，不及自己所学知识的百分之一的教师，才是真正喜欢所教学科的人。教师的知识越丰富，他对知识、科学、书籍、脑力劳动、智力生活的态度就越明确。这种智力财富是教师对科目、学校、教学法的热爱。热爱自己的科目的教师，具有一种极其宝贵的品质。他不仅向学生传授实际知识，而且还向他们灌输知识和思想，这是所有努力教书、致力于培养学生对学科热爱的教师所追求的目标。通过个性对学生的影响，教师们可以看到自己的智慧、清晰的思维方式、对知识的渴望和需求保留在另一个人身上。只有在课堂中，在必修知识与课程范围之外，设立一座桥梁，教师带领学生穿过这座桥梁，教师的性格才能对学生集体和个人产生教育影响。我将课堂中提供给学生的基础知识视为种子，从中萌发思想新芽，就能收获硕果——学生对知识的渴望，对更聪明、更发达、精神上更加丰富的渴望。如果没有结出果实，那么教学就会变成填鸭式教育，课程就只是检查作业，让学生乖乖记住知识。我相信，只有当学生能在课程外学到更多的知识时，教师才能成为知识的灯塔，从而成为教育者，并且这种欲望成为学生主动学习、掌握知识的主要动机之一。

我一直致力于在课后把知识的种子播撒在培育好的土壤中，丰富学生的知识生活，让他们在知识的海洋中遨游。如果教学仅限于课堂、教科书、一页页的作业，我就不能成为一名合格的教师，也不能传授给学生知识。只有在课后，当学生们的头脑中迸发出许多跳跃的火花，知识的种子才会发芽，思想才能发展强大。

这主要是个人阅读书籍时的精神充实（我们稍后会回到这个问题）。第二个非常重要的思想之光——小组，因为这一点上教师是教育家，学生是学生。我坚定地相信，没有这个精神生活的中心，课堂会变得无聊，知识如填鸭般地从教师的脑袋中机械地转移到学生的脑袋中。我们所有人——教师和学生都是科学知识海洋中的旅行者。我们准备关于最新科学成就的报告和专题介绍，摘抄科学杂志上发表的文章。

年轻的朋友，我这里有个建议：你的知识、对知识的渴望、对阅读的热爱是你个性教育力量的强大来源。你们能拥有这些品质，你们的学生同样也可以获得这些品质。请大家成为你的学科的主人，让学校课程和教科书变为最基础的事情，就像字母对于语言学家一样，孜孜不倦地增加学科知识。在你的个人图书馆里应该储存很多关于任教学科的书籍。正因如此，你可以在四五年内，每一个月给学生一本新书（也许对某些学生每个星期一本新书）。寻找并教育你的学生。培养你们相近的爱好、兴趣、倾向和能力。每个班级都有对您的专业领域充满热情的学生。让每个教师都有自己的学生：语言专家、历史学家、地理学家、生物学家和数学家都有喜爱自己的学生。

学生对您所教的科目越是热爱，你们的教学能力就越强，在您的性格中教师和教育者有机融合的程度就越高。如果没有教师的人格对学生的人格的直接影响，就无法实际解决提高能力、倾向和志向的问题。学生的能力只能通过教师的能力来提高，学生的倾向只能通过教师的倾向来培养，学生的志向只能通过教师的志向去塑造。

在这里，我不得不说，前面有些疏忽了，好的教师是从讲桌开始的。只有拥有教学智慧的人、爱孩子的人，才能点燃对教学行业的热爱，才能不断唤醒孩子心中对美好的渴望、积极向上的意愿和自尊。

在我的脑海中有一个理想的学校模型，其中每个教师都有自己的学生——与上面解释的意义相同。可能会出现的问题：小学和普通学校的孩子会不会迷失在教师创造的孤立的知识世界中？在这里，不仅没有危险，而且相反，如果每个教师都有自己言传身教的学生，只有这时才可能有作为教育力量的真正集体。

63 团队集体是一种教育的手段，如何创建集体，创建集体基于哪些条件

集体分为儿童集体、青少年集体、青年集体，这是一个非常复杂的统一体，是一条由成千上万条溪流汇集的河流。集体是逐步建立形成的。三十二年来，我一直在观察一年级学生的生活，我发觉没有任何一届的一至四年级的学生可以自学——我有权说，在上学后的这一时期孩子们还没有形成我们所说的集体观念。集体是逐渐形成的。在我看来，集体的产生基于需求和相互依赖的关系是种幼稚的说法。要求、责任、服从和领导力是建立集体必要的基础，但是如果缺少其他因素，也不能创建集体。实际上，一些教育者希望通过从学生中选出领导者，分配责任和设立要求来建立集体，这种方法是无用的。通常，在像学校集体这样极其复杂的精神团体中，任何一个要素都不能绝对化。普遍化和分类是不可行的：只有好的或只有坏的。集体是有迹可循的，是由教师创造的。集体就像一滴水，能反射出教师的教育观和世界观。

我认为，形象地来说，建立集体的基石如下：共同的意识形态，共同的知识、情感和组织。

集体形成的基础取决于教育者。有的学生在学校生活开始之后的第一年才加入集体，而有的人可能更晚。一个基石的强度和稳定性取决于基石组成部分的强度和稳定性。其中组织的稳定需要严谨、服从、领导、管理、从属关系，取决于意识形态、知识和情感的统一。因此，无须急于建立有依赖性结构组织中的从属和上下级关系。不要期望在班级中有一个学

生会组织，可以分担责任——实际上一切照旧。

我认为，集体的创立始于意识形态上的统一，而在此基础上能够形成组织统一。在形成集体之前，我一直致力于使孩子们拥有共同的善恶观念、眼光和概念，换句话说，是关于"什么是好事，什么是坏事"的概念。创建集体的最初且重要的基础是：孩子们要努力做善事，为善而战，在集体活动中主张善行，同时要宽容，不与邪恶共存，仇恨邪恶，孩子们要以同样的决心和坚强的意志、用自己的方式与之抗争。

你们将成为儿童的教育者，需要在他们的思想和内心中建立善良为正，与邪恶斗争的观念。我努力确保每个孩子都能理解和感觉到，只有在集体中才能成为一名真正为正义而战的勇士。集体奋斗给予人极大的欢乐，帮助人真正地了解自己的力量，体会自己的美；在共同奋斗的过程中，人们互相认识了解，产生了最重要的精神需求——即需要他人的支持和帮助。在领导他人之前，必须学会按照道德标准，控制自己的言行举止，对善良正义之声保持敏感，必须能明辨善恶。虽然孩子年龄尚小，但不要忘记这一点，只有从小进行潜移默化的影响，才能使他们获得这种辨别是非的敏感性——孩子已经拥有为正义而奋斗的道德经验，已经获得了为善良奋斗的乐趣，起初只是在共同创造美好、亲切的事物时，孩子就已经从中体会到了快乐——没有这些要素就无法获得辨别是非的敏感性。

学生的年龄越大，他与邪恶做斗争就越重要，意义就越深刻。我们的教学人员认为，每个人在童年和青春期都要在学校集体中与邪恶做斗争，这是非常重要的一点。首先，通过劳动、创造，用自己的双手体验善良。在集体教育中，要杜绝"言语热情"，对邪恶的冷嘲热讽和不作为。毕竟，我们生活中的邪恶首先是懒惰、过失、对社会主义财产漠不关心、自私、市侩习气。我们致力于在童年、青春期和青年初期时，让集体中的成员能团结一致，拥有相同的思想和为人类创造物质和精神价值的经历。在荒无人烟的土地上种植树木，将荒芜贫瘠的土地变成肥沃的土壤——这种工作只能由集体来完成，这其中蕴含着巨大的教育意义。正是这项工作使人们具有共同的信念和共同的情感，奠定了思想和情感共同体的基石。在集体中增强自己的能力后，学生们会感受到、意识到集体是一支强大的力量，只有在集体中才能真正认识人类的美。

年轻朋友们，应该通过劳动使学生们团结在一起，应该在劳动中清楚地表达这一思想——为人民服务，为人民的幸福贡献自己的力量。这种劳动存在于围绕在我们身边的每一件小事之中。假设在你们的学生面前有一片荒地——他们早已习惯，以至于忽略了，没有注意到路边的这片荒地已经变成了垃圾场。这时教师应当提醒学生，让他们注意到这片荒地，让他们在上面种植一片小小的阴凉的树荫，变成一个专门为路人躲避夏季炎热的歇脚亭。请教师们时刻牢记，造福人民的工作和劳动才是真正思想教育的基础，在劳动中，集体的思想和情感融合汇聚。但是绝对不能让学生在劳动中半途而废，抛弃之前的努力，这会使一个人腐烂。同样，不能让你们的学生只说：这个不好、那个不好；看，其他人比我们好，而我们很差劲，即使这样也不付出努力。教师不能用空话来教育学生。集体诞生在实践活动、斗争和劳动中，而且会变得更加强大。

共同知识是构建集体的基础之一，但这并不意味着在知识领域中每个人都有相同特定的兴趣爱好。相反，成功的"秘诀"在于集体成员具有不同的兴趣和爱好，在于他们阅读不同的书籍。知识统一是对知识的共同渴望，是对科学思想、书籍、智慧、受过教育的人的尊重。我理想中的一个由七年级或八年级组成的集体知识小组，其中有三十五名学生：八个学生热爱数学，喜爱、尊敬数学教师；七个学生忠于物理学，将其作为生活指导；另外八个学生热爱文学；还有九个学生，将生物学、土壤学、植物学作为生活中的指导；等等。这才是真正的知识小组。每个人都有自己的热爱，每个人都有自己的特长，每个人都为集体增添色彩。有了各种各样的爱好，集体的知识生活将会非常丰富多彩。上课前、上学的路上或是课后回家孩子们争辩着、梦想着科学和技术的未来，这十分有趣：他们不仅谈论课程材料、教科书，而且还关注着课堂上没有学习的内容……知识小组通过不断地丰富知识而生存发展——这是非常重要的。这一目标取决于历史、地理、数学、物理学、生物学和文学教师的教学水平，取决于他们通过丰富的科学知识获得学生思想和心灵的喜爱程度。首先，集体教育是教师为学生的灵魂进行的智慧的、机智的斗争。从本质上讲，集体教育是在学校中建立的几个智力活动中心，每个中心都由对科学充满热情的教师领导。这些中心都有自己的组织形式，例如，在我们学校中的学科兴趣小组，但也可以是其他组织形式。

64 集体是个人全面发展的工具

人是一个不可分割的整体（在道德、智力、情感、审美、创造力方面），由于集体成员之间关系的局限，仅在一个集体中寻找开发、表达、发展的形式是一项不可能完成的任务。因此，单一集体不能成为个人全面发展的唯一形式。一个学生对数学感兴趣，另一个对生物学感兴趣，还有一个学生对文学感兴趣，第四个学生对技术创造感兴趣。此外，每个人都有一种或多种爱好：音乐、绘画、木雕等。随着他们逐渐成熟，个别学生的发展需要特殊的活动形式，而与其他人完全不同。复杂、多种多样的兴趣、爱好和活动无法包含在一个集体的组织形式中。上面已经讨论过，如果一名教师成为一名教育工作者，那么他一定会成为一个集体的中心，这里汇集着青少年、男孩女孩共同的知识兴趣。学科兴趣小组是确保个人全面发展的必要的集体形式之一。学生从六到七年级时就可以创建学科小组，并且在一些学校——学生异常优秀的地方，可以在四五年级的时候就创建学科小组。通常，小组内学生的年龄应该相仿，七年级学生和八年级学生，八年级学生和九年级学生也可以在同一学科小组中共同学习。

除了对知识、科学和书籍的喜爱之外，学生还会有其他兴趣——劳动、创造。劳动和与劳动有关的创造是发展个人爱好、能力和职业的非常重要的领域。在我们学校里，有很多劳动创造的小组——技术、农业方面的，同样也是按照年龄区间划分的。例如，有三、四年级的小机器操作员组，四、五年级的小机器操作员组，六、七年级的小无线电技术组，一、二年级的小园丁组，三、四年级的小园丁组，五到七年级的小培育员组，八到十年级的小机器操作组，等等。每个小组 8~10 人或 15~20 人不等。这些是非常稳定的联合会。有些学校的小组已经存在了二十多年，一些学生在小组里学习了两到三年后，就可以升到一个年龄较大的小组里，即将有另外一些人来取代他们。劳动创造和知识小组一样，是凝聚学生力量的重要因素。

无论是学科小组还是劳动创造，都拥有自己的物质基础。对于学科小组来说——在思想屋（或书房）学生度过精神生活最丰富，最充实的时光，在这里学生与书本交流，度过马克思所说的智力游戏的时光。对于劳动创造来说——在实验室和操作室青少年可以解决劳力问题（设计、组装）。学科小组的领导者是教师，而劳动创造的领导者是教师和高年级学生。这是确保业余活动的重要原则之一。

还有其他类型的小组——业余艺术、文学创作、音乐、戏剧、艺术阅读。兴趣在小组里出现和发展，在美学、道德、情感和理智上丰富个人的精神生活。我们的教师坚信这一点——兴趣小组可以踫触到学生敏感而温柔的心灵，没有小组，就不可能有精神统一的初级集体生活。我们非常担心学生在这些小组中没有积极地表现自己。

我们称这些集体为艺术文化集体。在我们看来，这样的名字在最大程度上表明了这些集体活动的本质。甚至最小的学生也参加了艺术文化小组。我们有两个童话小组，他们中有 15~20 个一年级学生。小组由高年级学生带领。孩子们来到童话故事室，高年级学生阅读并讲述有趣的故事，孩子们表演精选的民间故事。对儿童来说，最有趣的是新童话的创作。

在艺术文化集体中，儿童木偶剧院具有非常重要的价值。超过 40 名小学生参加了该小组（该小组分为三个部分）。该团队由高年级学生共青团员领导。

65 如何教学生学会服从，培养学生的领导能力，如何拥有高的精神追求

如果学生在许多集体中都得到了全面发展（我指的不是所有的集体），那么每位高年级学生都可以成为领导者、教育者；许多少先队员也可以获得领导经验。在这种情况下，领导力通过活动培养产生，是在活动过程中出现的。通常，当领导者已经用事实证明自己的实力时，他就会脱颖而出。孩子们愿意服从这样的领导者，因为在这种情况下，服从就能使自己变得越来越好。在学校不能出现活动之外的服从和领导，因为正是这些活动激励着整个集体的共同目标。同时，教育学生有更高的精神追求也非常重要，让活动具有鲜明的社会意义和公民意义。

服从首先意味着命令自己。这种意志需要有高度的自觉性。在青少年时期，甚至在童年时期更是如此，一个人不仅要理解其意义，还要理解其情感含义，才能理解其崇高的目标（而公共的、公民的目标始终是崇高的）。意志的服从行为存在于情绪的自我约束中，简单来说，儿童、青少年自觉地服从了同学的话，那他也服从了自己的心。在这个微妙的问题上，领导者将意志建立在崇高的道德和情感基础上是极其重要的；换句话说，领导者要求集体参与本质上为人民和社会服务的活动。在这里，我们看到了集体中所有成员之间的紧密联系——思想、知识小组、情感和组织。如果一场即将进行的活动让学生热血沸腾，那么他一定会服从领导者的指令和要求，并且不能容忍任何质疑的声音。这就是为什么我建议一位年轻的教师：

通过道德、思想上的工作指引学生学会服从。领导者的命令要求需要符合学生的道德标准。让我们的工作具有重大的社会意义，让未来公民在今天的工作中感受到公民原则，让他通过同龄人和高年级同学的眼光来看待自己，让集体在其规则和规范中反映出我们国家全体劳动者的社会理想。

当我的学生集体（分为小组、小队）可以独立地进行对社会有益的工作时，我就会努力使社会工作具有鲜明的思想意识，让每个孩子不仅理解，而且感受到活动的崇高性。

66 如何培养列宁的接班人，教师在少先队中的作用

从儿童进入少先队起，他们就进入了社会和政治生活的人生新阶段。多年的经验使我深信，作为初代集体的教育者，教师的主要任务是要赋予少先队崇高的公民理想。少先队是儿童和青少年的公民、社会和政治生活最重要的形式。少先队应该使儿童和青少年受到启发，精神世界得到丰富，从而能够团结起来，而这种团结比个人的兴趣爱好、能力、对工作和创造的热爱更为重要。

在我们教育人员看来，少先队是一所公民学校，一所苏联少先队的社会政治学校。我们认为，少先队和共青团的主要教育任务是使年轻的心灵、年轻的灵魂感受到：对于每个苏联人最宝贵、最神圣的东西是我们伟大的祖国、社会主义制度、革命成果，为建立共产主义事业奋斗。应该帮助年轻的列宁主义者建立自己的组织，让这些神圣的信念在他们的心中扎根。

如何在现实生活中做到这一点？首先，要在社会政治的活动中，在思想意识中影响儿童和青少年。祖国、国家的土地、革命成果、共产党、伟大卫国战争的烈士——所有这些都应成为年轻人心中最珍贵、最深刻的东西，让年轻的心灵为之激动。只有将这种思想根植于生活、行动、人际关系和社交活动中才能做到这一点。

最好的教育者应该一直关注：年轻的列宁主义者在思想和情感上的实际问题不会掩盖伟大、神圣、崇高的思想。在整个少先队时期（5年），我

们不断向年轻的列宁主义者传达这样的想法：老一辈付出了巨大的代价，留给了我们物质和精神财富，我们的祖父、曾祖父的鲜血浇灌了苏联的每一块土地；如果没有家园，我们就没有了未来；只有祖国的强大力量才能使我们每个人成长和发展。如果没有反法西斯的两千万战士，没有为祖国的自由与独立战斗的英雄，我们就不会拥有宁静的童年和幸福的青春。我们的神圣职责是为伟大强盛的苏联而战，了解祖国，将祖国珍视为最神圣、无可比拟的珍宝。

我们认为，列宁少先队最重要的任务之一就是通过心灵和理性了解祖国。这样一来，每位小公民都会清楚自己最宝贵和最神圣的东西，就会被祖国的伟大、财富和力量所震惊，并从中得到启发。每一个年轻的内心会有越来越强烈的感觉：我可以做什么使祖国更加伟大、更加富裕、更加强盛？我们致力于开展积极的活动，让学生通过心灵和理性了解祖国。

在每个少先队队伍中开展环游祖国的活动。让孩子们了解我们国家的自然资源和人民有趣、令人兴奋的故事。在年轻的列宁主义者面前——一张地图，我们祖国的每个角落都蕴藏着故事。孩子们的精神在离家乡越来越远的地方环游着。我们向他们展示人民生活和工作的图片和幻灯片。我们还要在年轻的心灵面前展示人民之间的亲切友谊。环游祖国之行持续了数年后，孩子们将长成青少年，准备进入共青团，然后继续这段旅程。这加强了孩子们心中祖国伟大强盛的印象。

环游祖国——不仅是通过理性和心灵对当前社会的了解，还是对过去历史的了解。我们向儿童讲述人民反抗社会压迫和外国侵略者的故事。家庭的团结、人民之间的友谊是复杂而又深刻的情感之一。而这种情感离不开个人对伟大团结、对全体人民共同摆脱剥削和外部侵略的坚定信念。为了让孩子们体会到这种情感，我们需要举行一场启迪思想的活动。我们的少先队员与兄弟国家人民的孩子们成为朋友。俄罗斯和白俄罗斯的年轻列宁主义者有着特别牢固的友谊。十五年来，我们的孩子一直与住在第聂伯河岸的斯摩棱斯克州和白俄罗斯的少先队员们保持着亲密的朋友关系。每年的同一时间，乌克兰、白俄罗斯和俄罗斯的孩子们到大河岸边种植友谊树。青年列宁主义者宣誓：只要我们的三所学校存在，我们将一直在第聂伯河两岸种植友谊树。

在"友谊日"（节日的名字）时，孩子们能感受到令人兴奋的兄弟情谊，在与兄弟民族的孩子近距离见面中更能体会到这种感觉。十年来，我们的少先队每年都派代表团参加一次令人激动的旅行：我们拜访兄弟国家白俄罗斯戈梅利地区寄宿学校的少先队。同时白俄罗斯的少先队代表团也会每年对我们进行拜访。很难用语言表达孩子们见面后建立的深厚情感，每个人都有了遥远的朋友。经过几天的相处后，分别时孩子们的眼中闪着泪光。

我们教育人员相信，人民之间的友谊是人类灵魂中深厚、珍贵、崇高的情感之一。在这一情感中，社会和个人有机地融合在一起。我们认为，男孩和女孩将这种感觉付诸实践是极为重要的。每位少先队员在"友谊日"种下一棵橡树，以纪念与同龄人的永恒友谊；岁月流逝，小树苗会长成参天大树，对树苗的照料就像母亲对儿子的关怀一样，对人的心灵也同样有益。

每个少先队队伍都有一个纪念地，一个神圣的地方，在那里发生过内战或伟大的卫国战争。在这个纪念地为英雄们建造一座活的纪念碑：孩子们从一棵200年橡树上收集橡果并种下。少先队员们的灵感来自于纪念碑可以在土地上存活五百多年，屹立不倒，这不仅让人们追思先烈，而且还为疲倦的旅行者带来惬意。

距第聂伯河岸不远的地方，几名年轻的少先队员发现了一块大石头。据反法西斯解放乌克兰的战斗的目击者说，有两名苏联战士在这块石头旁防御了一天多,他们是横渡第聂伯河第一批到达对岸的人。小少先队员们在石头上发现许多被子弹击中的痕迹。他们在石头附近种了两棵橡树,以纪念那两位为保卫祖国事业献出生命的英雄。经过长时间的寻访,我们找到了那两名英雄的亲戚,他们从遥远的西伯利亚来拜访我们。加入共青团的少先队员将这些活的纪念碑传递给下一代年轻的列宁主义者,也将他们的精神薪火相传。

纪念为苏维埃共和国的自由和独立而牺牲的先烈,已经成为少先队伍和队员最重要的想法。几年来,年轻的列宁主义者们设立了永恒荣耀室,里面存放着伟大卫国战争烈士的肖像。少先队员们像对待无上荣誉和人民的荣耀一样,认真地记录了陆、海、空军战斗中的故事。没有一个人、没有一件事会被遗忘——这句话已成为孩子们的座右铭。

67 如何全面培养列宁主义接班人的共产主义思想

正如古老的拉丁谚语所说的那样，语言可以教人，例子可以吸引人。我们教育工作者认为，将共产主义思想以鲜明生动的方式展示给儿童和青少年是重要的教育目标之一，因为在生动的例子中可以体现人类最高贵的美——为人民的幸福而奋斗，奋斗中有无私、忠诚的信念，坚定不移地克服困难，对共产主义敌人毫不妥协。我们致力于在每个孩子的儿童时期和青春期，在他们心中树立一个真正为共产主义奋斗的榜样。孩子们系上红领巾，并庄严宣誓后，作为教育者，我每周都会与他们举行一次共产主义读书会。每个教育工作者都认同，这是最重要的教育工作，这是教育者与学生之间紧密的精神交流，列宁主义者的心在你们面前敞开，此刻可以深入地了解孩子内心的每个角落，同时可以对你们"创造的艺术品"进行最细微的雕刻。

在共产主义读书会中既可以阅读图书，还可以讲述引人入胜的有趣故事。多年来，我们已经确定了一些阅读和故事的主题。我们讨论例如捷尔任斯基、斯维尔德洛夫、拉索、特尔曼、迪米特洛夫、卡莫、富奇克、尼古拉·奥斯特洛夫斯基、尼古拉·贝洛雅普尼斯等杰出的共产主义者，阅读他们的书籍。阅读并讨论伟大教师——列宁为人类的幸福而奋斗的一生。

通过了解共产主义者的形象，儿童得到了深刻的启发——对信念的忠诚、坚定不移、对敌人的不屈服、意识形态上的不妥协。每次阅读并向孩子们讲述列宁共产主义者卡莫在监狱中惨烈地遭受酷刑，即使承受着最残忍的刑罚，卡莫也没有痛苦呻吟或求饶时，我看到了孩子们的眼神里钦佩的光芒。这样的阅读越多，共产主义真理就越深入年轻人的内心。

我的朋友，儿童和青少年在共产主义思想的巨大力量和真理面前产生的惊奇和钦佩，是无价之宝。要知道，如果一个年轻人想要全面地理解周围世界的真理，就会理解其最珍贵的东西，他们希望看到一个榜样，这个榜样将成为灯塔照亮前方的道路。不要让孩子们心中永恒的火焰熄灭——要相信神圣的、不可动摇的真理，相信共产主义思想的真理，相信为共产主义奋斗、甚至献出宝贵的生命是一个人的勇气和美德的制高点。

只有一个人致力于用共产主义的行为表达自己的喜怒哀乐，才能使神圣不可动摇、对勇气之美的信念，由共产主义阅读之火点燃，像耀眼的火炬一样燃烧。不仅要做某件事，而且还要通过自己的行动、自己的工作证明——这是共产主义教育和自我教育的非常重要的规则。我们的教育任务是赋予儿童和青少年的劳动工作共产主义伟大真理，是让孩子们在劳动中感受到共产主义。如果让孩子在生活中进行共产主义劳动，那么未来的公民会证实，这样的劳动在今天就可以成就一名合格的公民。

我们致力于让学生通过自己的劳动证明：在社会中，我们是朋友、同志和兄弟；一个自由的劳动者只有在劳动创造时才能留下自己的美，留下属于自己的痕迹；社会主义的公民通过劳动，而且只有通过劳动，才能维护自己的荣誉和尊严；在任何行业中，劳动都可以提高创造力，成为诗歌新的灵感来源；每个公民都应该通过自己的劳动来增强祖国的力量。

让劳动被这些崇高思想激励，在我看来，这是对年轻的列宁主义者进行意识形态教育的任务之一。

如何在实践中运用这种劳动观念？

生活中有无限的可能性。在种植花园的过程中，我们小组的每个少先队员都种植了自己的树。劳动被默认为一种比赛。每个人都希望将自己的、个人的东西保存在树中。

　　我坚信，每个人都将自己的树视为自己亲手创造的物品，并凝视着它——这是对劳动的热爱。每个人都证明自己有能力、可以亲手创造美。

　　我坚信，如果一个人通过自己的劳动来坚持崇高的思想，他就会在自己的原则上感到骄傲、不可动摇。他重视神圣的东西。社会生活所有事都与他有关。毫不夸张地说，这样的人实际上已成为公众人物。他已经在道德上拥有成熟的思想。

　　我的朋友，你可能会感到困惑：作者一开始讨论的是如何全面培养列宁主义接班人的共产主义思想，而现在话题却转向了劳动。要知道我们的时代是劳动创造的时代。首先，我们必须教导年轻一代勇敢，尤其在劳动中勇敢。正是在共产主义胜利的劳动中，宣示着我们时代的到来。

68 如何使列宁共产主义触动孩子的心底，让男孩和女孩们珍惜共青团员的称号

如果您是一名即将任教高年级的年轻教师，我想分享我的经验供大家参考。

一天的工作日结束了，我回到家，打开笔记本，想一想我的年轻朋友，在我面前又浮现了一双双聪明、有趣、快乐、调皮、沉思、忧郁的眼睛。我建议你们更多时间应该自己一个人，思考孩子们未来的快乐或不安时刻。

请记住，共青团是一个团结友爱，思想、信念、世界观、对生活的态度一致的集体。共青团教育的黄金法则是，努力确保年轻的男孩女孩有思想、有信念、有态度，我们坚信：当我们进入这座美好的宫殿——共青团后，作为志同道合的人，应时刻准备为我们的思想、我们的信念奉献一切，甚至是我们的生命。

团结是什么，怎样定义，如何实现？

在共青团员的灵魂和内心中建立意识形态和思想上的团结。胸前佩戴共青团徽章的每个人都应该感觉自己是一名共产主义斗士。伟大而崇高的思想来自这样一个事实：我们的思想、我们的观点应该着眼于未来，而我们作为共青团员，是为未来奋斗的斗士；未来的曙光照耀着我们普通的日常生活，透过它生活中的每一天都变得明亮、迷人、浪漫。意识形态上的团结是为未来而奋斗，奋斗中包含了共青团式的、浪漫的、活泼颤抖的心。让我们回忆一下列宁主义政党和列宁主义共青团在历史上的英勇篇

章：是什么驱使着我们参加实力悬殊的战斗——我们的士兵半饥半饱、衣衫褴褛，抵抗全副武装的侵略者；是什么赋予了第一个五年计划风雨飘摇的工作崇高的精神；在开垦荒地的初期，人们靠什么忍受着艰辛和苦难？那就是有关未来、最公正、最美丽、最合理、最人道的秩序——共产主义。

但是，如何让每个人都献身到为共产主义的未来奋斗的工作中呢？不是每个人都可以当航天员飞向太空或在二十二岁进行博士学位论文答辩；不是每个人都能成为世界闻名的歌手或破译多年来科学家们一直在努力研究的古老文字。亲爱的朋友，我们大多数人不是宇航员或院士，而是农民和牲口饲养员、泥瓦匠和车间工人：如何在平凡而普通的工作中，向年轻人展示一个雄伟的想法，让他们在自己的工作中不仅关心最基本的面包，还为更大的目标努力？

要在劳动中，在乍一看普通的、平凡的、可以使一个人既痛苦又烦恼的事情中，在为创造世界之美、自身之美的工作中达到思维和意识的一致。我认为，共产主义团结是共同向未来前进，成为未来的侦察员，在自己的工作中看到未来，感觉未来紧握在自己的手中。

我记得在集体化之初，村里的第一位拖拉机司机对自己工作的自豪之情。毕竟，他走进了未知世界，打破了人与生产资料的私有制束缚——他打破了界限，创造了一个不可思议的奇迹——机器。每年，当我来到一个由 14~15 岁的共青团员组成的小组时，当我告诉他们，我们的父辈建议他们做什么、从哪里开始时，我仿佛看到，在我面前的是一双双第一位拖拉机司机阿孔卡的深受启发的眼睛——村里暗恋他的每一位姑娘都这样称呼他。

我的朋友，我要向你们讲述那段学校共青团组织刚刚成立的往事：我们有 25 个人……摆在我们面前的是由我们的父亲、祖父和曾祖父完成数千次的工作：我们必须种植一公顷的小麦，播种种子，然后把它们转移到集体农场。这样的事情可能在我们的土地上重复了一千零一遍，但是，在共产主义的指导下劳动是第一次。在我们地区最成功的一年中，每公顷肥沃的土地产量最多 35 公担，有时 40 公担。而我们设定的目标是 70 公担每公顷，这从来没有达到过，但大自然的力量和奥秘还远未被人发现。如果充分发挥土地的潜力，产量将是现在的两倍。这是不同寻常的工作，我们也成了不同寻常的劳动者。在共产主义的领导下，土地给予了我们财富——不是在一公顷的面积上，而是在整片广阔的土地上，而今天我们会达成这个目标，获得财富。

我们的工作确实是不同寻常的。不仅是劳动的性质——与大面积种植小麦时的劳动方式不同，之所以与众不同，主要是因为这项劳动涵盖了男孩和女孩们精神生活的所有领域。劳动变成了为一个想法而斗争，这个鼓舞人心的想法将我们团结在一起。男孩和女孩们感到自己不是普通人，不是每天只为了赚一块面包的工人，而是开创人类先河的人。

如果没有意识形态上的统一，如果没有受到崇高的共产主义思想的鼓舞，那么团队中就没有任何凝聚力。试想：如果我们的一名共青团员拒绝用双手在沟里捡腐烂物，倒入推车并带到田间去，我们化肥厂怎么办？如果发生这种情况，那犯错的人，像大家常说的那样，就没有立足之地了：同志们会称他为懒惰的人、昏昏欲睡的人、妈宝男孩、娇生惯养的人——而这一切都是发自肺腑的，不需要任何"准备"。因为如果你的心里有一个崇高的目标，你的心就会对周围一切变得非常敏感，它由理智守护，告诉我们应该做什么、说什么。请记住，年轻的朋友们，这也是共青团教育的一个非常重要的规则——让心保持清醒，保持良知。但是我们不得不劳动——男孩和女孩们说：就像在地狱中的魔鬼。粪便倾泻到沟渠中，在里面发酵腐烂，我们走进田间，把它们像谷物一样撒在地上，让每个灌木丛下都有养分。在科学期刊上，我们读到：淤泥是小麦的优质肥料。这些淤泥已经堆积在我们的池塘中，可能数百万吨，我们将其装载并带到田间。在冬天，降雪之后，我们来到田野，在自己的土地上为了灌溉浇水收集积雪。

春天给作物追肥。夏季，每个共青团员都忙于劳动，有些在畜牧场工作，有些在蔬菜种植大队工作，还有些在蚕桑厂工作。种植小麦是一项额外的工作，我们在清晨或傍晚聚集在一起劳动，用鞋来回踩出过道，保持水分的储藏使小麦丛生。茂盛的小麦丛和沉重的麦穗使我们感到高兴，我们计算了麦穗的数量，在收获前就计算出了小麦的重量。收获对我们所有人来说都是一个节日：我们穿上喜庆的衣服，每个人的灵魂都焕然一新。但是我也担心：我们每公顷的产量是多少？土地慷慨地回报了我们：每公顷 70 多公担。

在欢乐的时刻，年轻的男孩和女孩们相互吸引！收集完所有谷物并称重后，共青团员晚上在学校聚会，尽管没人叫我们参加，但我们想在一起畅想未来，我们就像赢得战斗的胜利者一样。我们似乎已经爬到山顶，面前是灿烂的、崭新的阳光。我们梦想着：很快我们的土地将收获每公顷八九十公担。农业技术将发生变化，新的机器将进入田间，谷物行间的耕作将与作物——甜菜和玉米的耕作方式相同。届时谷物产量将增加一倍。我们对未来充满信心，我们的心因激动而颤抖着。

69 如何让每位共青团员
　　不断追求更好的目标

当年轻的男孩女孩们互相微笑时，他们好像在仔细地看着对方的眼睛。

伟大思想的启发创造我们独特的美。我的年轻朋友，让我们思考一下共青团教育学的真理：我们必须以美的方式教育年轻人。这样的道德美感培养了极大的自豪感和公民尊严，使一个人不仅只看着自己周围的东西，而且还关注自己。如果一个人不为自己的美感到骄傲，那么就不会有丝毫悔意，长辈的训诫或责备永远不会触动他的心。集体只有在意识形态上团结一致时，才能培养自己的美感。

我们迈向了未来，我们的工作受到了崇高的共产主义思想的启发，但是多说无益，否则真理也会变得古老而乏味，就像粗心大意的主人手中的工具一样。如果在每次出现困难时都使用这种脆弱、不锋利的工具，这将会使伟大与神圣粗俗化。比如说，我们在炎热的高温下劳动一天，进行除草，然后教师立即提醒：保尔·柯察金是在什么条件下工作收割柴火的？在阿穆尔河上，最早的共青团的建造者遇到了哪些困难和问题？不，你们不能这样教育学生：从一块木板上只能制造一把锋利的工具，影响了心灵后，就无法影响年轻的灵魂。请大家致力于确保共产主义思想作为一种内在的、自我驱动的道德力量存在于每个人的心中，作为尽可能少使用的最锋利的工具——只有在这种情况下，共产主义思想才会影响青少年。

但是，感觉到自己的道德美并不意味着一个人会钦佩自己。一个人在感到自豪的同时，也会对自己感到不满意。他想变得更好，否则无法获得自己的道德尊严。这是一个很难把握的青少年道德发展模式：只有今天比昨天过得更好时，一个人才想真正地变好，他们发现了彼此身上新的闪光点时，就想变得更好、更完美。共青团教育学的一个非常重要的规则是，年轻人应该始终处于不断变化的过程中，不能像昨天一样保持不变，一个人意识到并感觉到自己的成长也很重要。我的年轻朋友，我们应该担心学生的道德发展停滞，害怕道德僵化。不要让一个人长时间感到自己无法以任何方式克服缺点。

70 如何鼓励一个人不断在道德上发展完善

总的来说，这是一件有趣的，同时我认为也是很少被研究的教育工作。我们教育工作者遵守着一条规则，可以用以下几句话来简要表述：若要使一个人追求道德美和自我完善，则必须让他能在自己身边看到这种美和完善。只有与他人交流，一个人才能实现自我发展。正如马克思所写的，为了发展自我意识，"一个人先要把自己看成镜子里的另一个人。只有彼得把保罗当成同类时，他才把自己当作人看待"。学会把自己当作人，是掌握集体教育的秘诀之一，但事实上，许多教育者无法理解。

我们坚信，集体的教育力量主要源自集体劳动的过程，在丰富的集体精神世界中一个人总能对他的同志有新发现，那么可以说他在探索一个人，正因如此，形象地说，他在进行着自我审视、自我评价和比较：我的今天和昨天有什么不同。这是集体精神生活中极为重要的时刻。在教育年轻人时，请努力确保你们的每位学生在集体劳动中都能把同学作为自己的参考目标。像照镜子一样看着同学的眼睛，即使是最懒惰、最无动于衷的人，也能看到自己的思想和愿望；让学生赞叹，让他的心中燃起对同学的敬佩之情。要知道，只有做到这一点，才能激发出学生灵魂中关于自己的想法。

这就是劳动在集体教育工作中如此重要的原因。教师们需要在劳动中将年轻人的思想和情感结合在一起，这样才能使学生成长。让每个年轻的男生女生从他人身上看到优秀的品质时，都会问自己：我身上有这种品质吗？我能达到吗？明天的我会比今天更好吗？一个人对自己的要求和约束力决定了他的道德品格，也决定了他能否成为一个勇敢且具有优秀品质的公民。

71 如何使年轻人始终对我们的生活和奋斗的事业保持热忱

这篇文章有关青少年时期最珍贵的东西。每个年轻的共产主义者必须在他们的思想和内心中怀有神圣、无价、无与伦比的东西。而在我们的思想和内心中——我们的祖国苏联，她的荣耀、名誉和强盛是最珍贵的东西，其他事物在她面前都会褪色。

教育培养爱国者和公民，是我们共青团教育学中非常重要和困难的任务之一。如何使每个年轻人都珍爱祖国，将祖国虔诚地带进内心，让祖国成为一道能够照亮一切的光，并且最重要的是，在这束光的照耀下只能看见自己？

对此，我们要进行，在我看来是神圣的教育任务——主人翁意识的教育。只有一个敏锐而勇敢的人才能成为爱国的公民。形象地说，爱国主义是情感和思想的融合，是对神圣的祖国的理解，不仅是理性的认知，而且最重要的是感性的认知。这种理解源自于：在一个人的世界中，有一个人是极为珍贵的，而他准备将自己的全身心都献给这个人。爱国主义始于对一个人的爱。爱国情感、对世界和对祖国的感觉都源自对世界上最亲爱的人——母亲的爱。别林斯基写道："自然界最伟大、最崇高的存在是人。"这种最伟大、最崇高的存在的最高成就是母亲。爱国主义的概念已经在人类的意识中世代相传，这种形象源自生我们、养我们的人，这绝非偶然。三十多年的教学经验让我坚信，培养学生对自然界最高成就——母亲发自肺腑的亲切、温柔、关怀的态度是共青团非常重要的思想和政治任务之一。一个对母亲冷漠、无情、残酷的人，在他身上不会有任何美好的品质。飞廉草不会开出娇艳的玫瑰花，冷漠、无情、虚伪的人也不能成为爱国者。

年轻朋友们，请掌握共青团教育学的基本真理：一个人应该热爱他人，应该敏锐地感知身边人的喜怒哀乐。这种感觉源自母亲。让我们思考一下，我们已经度过了多少周、多少月、多少年。随便找到一个共青团组织，让团支书向成员询问："在这些日子里你们为母亲做了什么？"

我建议青少年教育者：

在令人感叹的语句中找寻那些如露水般晶莹剔透的辞藻，汇成涓涓流水，让泉水中，像在神话中的活水中一般，流淌着我们最亲爱敬爱的妈妈对人类忠诚和奉献的永恒之美。让每个年轻人将这种美丽带回自己的家中，让他们将自己灵魂的力量献给自己的母亲。

我告诉男孩女孩们：

今天是庄严又隆重的一天——你们加入了共青团。请把这个好消息与母亲分享。现在请每个人拿好神奇苹果树苗。它的品种很特别：透明的粉红色苹果会在大风天来临之前，倒映出柔和的晨曦和深红色的夕阳。我们将这个品种称为——母亲果。我们要爱护这些树苗，像珍惜母亲的名字一样珍惜它们。

这是最有思想、最有政治远见、最具有集体主义色彩的教育。那个晴朗的七月傍晚，当我的学生、我的年轻朋友摘下母亲果并带回家给自己的母亲时，这对我来说是攀登教学智慧高峰的快乐时刻之一。

对他人的爱是一片肥沃的土壤，让爱国的花朵在这片土地上绽放。为了使娇艳的爱国花朵尽情地绽放，每个男孩女孩都必须通过理性和感性去理解我们伟大的祖国。每个人都应该感受到自己是祖国的孩子，因自己是千百年的荣耀和英雄创造的精神价值的继承者而感到自豪。

如何教育青少年切实做到这一点？

要用炙热的话语点燃年轻的心，它像一把明亮的火炬一样，照亮我们祖国从远古到今天的艰难困苦而光荣的道路，同时点亮一条通向光明未来的艰难道路；也能使年轻人和公民感到自己是千年时光的旅行者，承担着祖辈的责任在未来实现他们的希望。在这条路上他们不会失去任何的财富，也不会忘记在为我们伟大而辉煌的祖国的斗争中获得的真理。

这些炙热的话语让孩子，以祖国的名义，像永恒的星星一样，永远在祖国的天空中发光发热，永远为新的心灵指引光明。

也许有人会在读完这篇文章后会笑起来，或许有人会想：您是不是过分夸大了语言的力量，是不是错把理想当成了现实？不，现实就是如此。语言是领导战斗的指挥官。语言是一位音乐家，抚摸着人类灵魂最脆弱的心弦，它了解弹奏哪根琴弦能发出美妙的音乐。在关于最珍贵、最崇高的祖国的文章中，我弹奏了这些琴弦：公民、人性、荣誉和尊严。我直接与每个人的生命和灵魂说话；在我面前的不是抽象的学生，而是科利亚和柳芭，凡妮亚和加利娅，齐纳和舒拉那几双激动的眼睛。只有教育目标不是一些抽象的爱国者时，教育者的话语才会有作用，才会使科利亚和柳芭，凡妮亚和加利娅，齐纳和舒拉的心颤抖。

这也是我们共青团教育学的黄金准则之一。

有几十个关于祖国英雄儿女鼓舞人心的故事。那是很久以前的事情了，那时战火还在燃烧。我的年轻朋友激动地听着关于扎波罗热哥萨克人的故事，他们被活生生地剥了皮，用炽热的铁块烙在伤口上，敌人要求他们背叛祖国或至少是沉默地服从，他们自豪地用炙热的"不"回答敌人；关于谢尔盖·拉佐，他因共产主义信仰而被扔进了蒸汽机车的炉子中；关于我们的两个同胞——少先队英雄，法西斯将他们活埋，用尽毫无人性的折磨手段，却没有从他们的口中得到任何一句有关游击战情报的消息。这时我在年轻的朋友们的眼中,看到了对敌人燃烧的仇恨之火。请告诉他们:年轻的朋友,我们的苏联祖国号召我们,为自由和独立、为荣耀和力量而战——他们每个人都将以祖国的名义殊死战斗。

只有智力障碍或道德堕落的人才会关闭语言通向心灵的通道。语言是为人类灵魂而战的强大战士。而话语背后的教育者决定着这一切。有一些话语软弱又丑陋,像低能儿的喃喃自语。有些话语苍白无力,没有刺痛人心,像枯萎的茎。而有些话语明亮、永不褪色,就像永远闪耀的星星,为人指引着方向。请每位教师努力确保你们的话语像启明星一样。

72 如何让共青团员的精神世界里拥有社会主义祖国的思想

我们在这里谈论的还是微妙而复杂的事情——关于个人对伟大、美、爱国主义的崇高追求。崇高的精神由深刻的思想唤醒，在焦虑的日子和不眠之夜中产生。共青团教学法使科利亚、柳芭、凡妮亚、加利娅、齐纳和舒拉——这些年仅十四岁的孩子如痴如醉地阅读着一本书直至黎明，这些孩子执着追求马克思、列宁、亚历山大·乌里扬诺夫、尼古拉·基巴尔奇奇、费利克斯·捷尔任斯基和尤里斯·伏契克的书中生命的目标和意义。他们每个人都受到教师对祖国的爱国奉献话语的启发，搜寻并找到了属于自己的书，在祖国的穹苍中遇见了他的璀璨之星。在春天的夜晚，每一个孩子都对为祖国献身的生动故事感到惊讶和着迷，每一颗年轻的心灵为自己的书澎湃地跳动。如果没有深刻的个人思考：我是谁？我是什么？我现在如何生活？我将如何生活？我将为社会主义祖国带来什么？那么真正的共青团教学法将变成空话。

年轻朋友们，如果你们想要成为一名共青团员真正的教育者，请问你对他们独处时做什么、忙什么、阅读什么、思考什么感兴趣吗？你想让他们自己独处吗？如果您不想——这很糟糕，那么就意味着您的教育没有个人的精神世界，没有个性，因此就没有集体。

我们学校有一个房间，叫作思想室。那里非常安静，房间里有书柜，孩子们可以寻找属于自己的书，找到属于自己的启明星。不让任何一个少年错过书籍，我认为这是青少年教育工作者重要的任务之一。在每一次关于爱国者的谈话之后，当我成功进入年轻人内心最敏感的深处，我看到几个男孩和女孩前往思想室，他们正在进入最困难的自我教育阶段。我第一次在窗户旁边的玫瑰花丛旁边看到一个蓝眼睛的高个子男孩，他叫瓦尼亚。他才十四岁就已经比父亲高了。我担心瓦尼亚对世界的看法太幼稚了，期待着他拥有成熟的思想。现在我在他的手上看到一本关于尤里斯·伏契克的书……瓦尼亚马上就要成为一个男人了。带着这本书回家，阅读思考，会让他整夜无法入眠，成年人的思想激荡着他的心。

这是一个男孩的自我教育的开始。

一切才刚刚开始。要使青少年达到精神上的成熟，必须进行巨大的劳动工作。

73 如何实现青少年的精神成熟

大家常常听到这样的争论：青春期是从几岁开始的——十四岁还是十六岁？多大年龄加入共青团更好——十四岁还是十五岁？近年来，科学家一直在关注儿童早熟的问题：男孩和女孩身体发育的加速，而同时社会、精神和道德发展的滞后。

我们教学工作者坚信：青春时期始于 12~13 岁。如果你们希望男孩成为一个精神上成熟的人，请帮助他在公民领域迈出第一步。无忧无虑的童年和青春期是幼稚主义的根源，年轻人的生活中应该有牵挂，我的意思是对人民、社会和祖国的关心。让孩子们在刚刚进入青春期时就对周围的一切产生关心和担忧。生活中的任何事物都与他们息息相关，离他们很近——孩子们不应该对身边的事物冷漠。教导青少年形成公民世界观是教学智慧的顶峰之一。最重要的是，男孩和女孩怀着关心和忧虑生活在社会里。让社会成为个人的社会。

这是如何实现的？

帮助他人，为他人奉献是公民成熟的标志，是青少年道德财富最重要的来源。只有那些已经获得了这种道德财富的 12~13 岁的孩子，才能用自己的思想和心灵去理解祖国。如果孩子还未拥有这种道德财富，那么教师的话将变得无力；它不会成为那种令人心潮澎湃的，使年轻人思考的炙热的语言：我为什么生活在这个世界上？由此，考虑到谢尔盖·拉佐的壮举，年轻人开始思考自己，他的心因吸收伟大而神圣的思想停止，然后更加剧烈地跳动。大家可能听过青少年教育者这样的抱怨：你告诉他们最珍贵的东西，比如英雄主义、勇气、自我牺牲，但是不知为何，孩子们没有听进去这些话……发生这种情况是因为心灵只有消费的乐趣，实际上，这样的心灵是贫瘠的、空虚的，里面没有任何由人类创造的道德财富。

一点一滴地积累青少年的道德财富——从童年、青春期开始积累。在12~13岁时，一个人应该回头看看自己帮助别人的事迹，并应该感到自豪：这就是我的工作。这种自豪感是共产主义思想的精神力量，是意识形态团结统一的基础。

当我的学生十岁的时候，我们决定为居民搭建一个葡萄园。在我们面前的是毫无生机的南坡，被炎热的阳光直射，土壤贫瘠。但是从这公顷土地上可以收获每公顷十公担的"太阳果"。我们是这样劳作的：清除杂草，挖数百个坑；我们将淤泥和肥料填入每个坑中，按照高年级学生的建议，还在土壤种放置了防治害虫的植物根茎（是一种民间的"草药"）。我们将数百吨的泥土从一个地方拖到另一个地方：在每个草丛周围设置小围墙，以免水源流失。对于教育者来说，这是最困难的时期：毕竟，单调的体力劳动本身不能令人愉悦，也不能带来任何满足感。是什么促使青少年进行这项劳动？是语言，是炙热的话语，点燃了年轻公民的心。我相信语言的巨大力量，因为这种力量由共产主义信念启发而产生。

葡萄藤的第一根枝条已经抽出绿芽，现在我们已经可以欣赏我们的作品了。此刻，我不再担心体力不支会浇灭他们的精神力量，导致对工作的懈怠。我们的工作才刚刚开始：我们需要给植物浇水，保护它们不受热或是受寒。

几个月、几年过去了，照料葡萄园对我们每个人来说都是宝贵的经历。我们坚持到底。第一批果实成熟的时候，就是庆祝学生获得公民感的日子。小孩子和老人来到我们的葡萄园，我们给他们分发水果。我们还把葡萄带给病人，当他们感谢我们并祝我们好运时，我们的内心更加激动澎湃。

这就是教学智慧的高峰之一：让13~14岁的男孩女孩们因自己的诚恳、真诚和人道收获感谢。很难找到比这些简单的话更能激发崇高精神的力量了。我的学生体验到了为人服务的无比欢乐。现在，炽烈的话语已经被牢牢记在心中，鼓励开展新工作的崇高精神已经成为每一个人内心的精神力量。现在，我坚信，每个孩子不仅可以在集体中，而且可以单独表现出公民的奉献精神。

我的朋友们，当一个人的良知不允许对他人漠不关心时，只有在这种情况下，社会才会变成个人的、真诚的社会。

为人民种植葡萄园已成为我的学生的公民自我教育领域，他们获得了公民世界观。世界上的所有都与他们相关。艰苦的体力劳动使他们在精神上变得坚强，男孩们变成了真正的男人。我很高兴看到，在体能承受特别大压力的时候，年轻人以其他方式思考：他们思考如何克服困难，而不是思考是否有可能克服困难。

74 不要害怕困难,没有困难
　　就没有青少年思想教育

在克服困难中培养勇气,让心灵得到充实。心灵不会变坚硬,相反,心灵对善良的事物变得柔和敏感,同时对邪恶顽强对抗。

我们给学生展示的生活并不是一条平坦的道路。年轻人,尤其是青少年,需要为一切事情做好准备,必须为最严峻的考验做好准备。请教师培养年轻人的勇敢和韧性,让他们面对时刻可能遇到的困难和问题时,不会慌乱和软弱。精神耐力也与身体耐力有关。我的年轻朋友,请测试你们的学生:一个16岁的男孩,在一整天都处于寒冷的情况下,是否还可以工作;能否在烈日下走四十公里,然后继续工作几个小时;能否忍受半天不喝水?所有这些都不能以某种体力锻炼的形式进行。在生活中、在日常学习工作中,困难可能以任何形式出现。我们不会告诉年轻人:请锻炼自己的耐力。我们会给他们布置一项劳动任务——集体农民在他们的年龄应该完成的任务:在一月的严峻霜冻中,年轻人在田野中用拖拉机拖车装载干草,并将其运到畜牧场。这项劳动的目的不是让年轻人做练习,而是让奶牛产奶,因为没有干草,牛就不能产奶……

如果一个人学会了克服青少年时期和青春期中的问题和困难,他就不会再以一个受宠爱、没有乐趣、无所事事、弱不禁风的"妈宝男"的眼光看待周围世界。

75 请珍惜青少年时期最纯洁的冲动

每当谈及青少年教育时，我会一遍又一遍地提到公民容易激动的心。这是我们共青团教育学的核心。我的朋友们，我们应像惧怕火一样惧怕冷漠。这是最令人恐惧的毒药，它产生了一个自私自利的人，一个不关心任何事情的资产阶级，他遵循自私卑鄙的"真理"："不是我倒霉，是我不敢""我的工作就像公鸡打鸣一样，虽然还没到黎明"。孩子们为人们亲手创造的越多，心灵变得更加纯净和高贵，感受着人们的欢乐与悲伤、社会的烦恼与忧虑。年轻公民对周围世界好奇、挑剔，他们的天性是躁动不安的，而内心的高尚永远不会与邪恶为伍，永远不会对公共利益冷漠，践踏他人尊严。年轻的心正在反抗、抗议、愤慨，它使一个人追求高尚、美丽，虽然有时可能是激烈的、鲁莽的。

请记住，对邪恶的第一反应，由良知引起的最原始的冲动，通常是最高尚的。不要掩盖良知的声音。不要将高尚的年轻冲动与逻辑思维和推理的局限性联系在一起。成熟的智慧、判断和谨慎，所有这些都将随着时间而来。但是，年轻人在充满麻烦、不安定的时期中获得对世界的重大发现——善与恶的概念，年轻的内心将会充满对邪恶的愤慨，准备与邪恶斗争。在评价善良时要明智，避免轻率。理智会变冷，不要担心，但心永远是热的。

请把青少年的冷漠当成内心最卑鄙的堕落。如果孩子没有在生活中的邪恶里看到错误，把邪恶看成是不可避免的或是普通的不幸，在这种不幸中人们有时会充满同情地摇着头说："唉，没办法……会过去的。"那么这些事情里会充满巨大的隐患。第一次冷漠地经过，第二次对看似与个人无关的不幸不闻不问，之后也将一直冷漠地避开其他人的忧虑和不安。

当不幸中没有明显的错误时，年轻人的担忧和不安就被唤醒了。让年轻的心中闪动着永不熄灭的冲动和激情：我必须做点什么，如果我离开一英里，那我会是一个可恶的自我主义者。只有在道德上开始忧虑或关心自己时，这个火把才会燃起。

在雷暴期间，有二十只羊羔与集体农场的羊群走失。在倾盆大雨中它们很有可能走散在草丛或芦苇丛中，也许它们被困在倾盆大雨之后形成的泥泞中。我们的共青团听说了这件不幸的事情，决定搜寻这群羔羊。毕竟，它们是如此之小，是小小的羔羊……我们带着三天的食物出发，来到沿海的第聂伯河平原。我们一只一只地拯救羊羔。喜悦和自豪感在我们的心中澎湃。在回来的路上我们被蚊子叮咬，每个人都非常疲倦，但我们依旧感到了快乐和成长。这种集体活动是真挚的实践课，它唤醒了孩子内心对不幸、悲痛和焦虑的敏感，如果没有这些课程，孩子们心中就会产生冷漠无情的念头：就算没有我们，别人也会解决。

真挚的实践课不是什么特殊的、与世界隔绝的活动。我的年轻朋友，这是公民生活，是别林斯基所说的，"关注未来、关注社会利益的大学问"。

76 如何教育共青团员关注公共利益

我曾听过一位学校的副校长所做的有关课外活动的讲座。他详细介绍了社会学教研室的陈设：墙上挂着的宣传画和图片，房间的装饰艺术，一张大纸上写着共产主义建设者的道德准则，并裱上漂亮的框……但是，他却没有提到怎样使马克思列宁主义的伟大真理对年轻的心灵产生潜移默化、深远持久的影响。当台下的观众就"这部分"提问时，副校长一言不发，因为上面给社会学教研室的指令很严格，但是没有任何指令给人的心灵。我认为，只接受上级命令的教育对教育工作的影响弊大于利；而不用心、没有灵魂的教育则毫无作用。在我看来，真挚的课程在教育工作中的所有环节、所有形式里都非常重要。

有一次，我们和睦的大家庭（我们这样称呼自己的共青团组织）正在对玉米进行分类：将最好的玉米装到给国家粮食仓库运粮的汽车上，相对较差的玉米运到猪饲料仓库里。有些图谋不轨的人走向我们，并小声建议：你们可以把相对较差的玉米扔到车厢底部，上面再盖上好的，因为在仓库中只检查顶部的东西。毕竟，我们总得按照计划多交一些……我看到共青团的成员互相看着对方，他们感到羞愧。万尼亚的脸红到了耳根，季娜眼神低垂。管理人员走后，我的学生们站着不动，我也站着，心想：你们要怎么办，在第一堂实践课中你们将学会什么？

"这算什么？"舒拉低声说道。

学生们再也没说什么，他们开始以坚定和强烈的态度将最好的玉米棒装进车厢里。那个建议我们狡猾地"执行计划"的人又回来找过我们好几回，他沉默地看着共青团员劳动，皱着眉头，却不敢说一句话……反抗过邪恶、欺骗、不公正的人，哪怕只有一次，这样的人会对周围世界的社会现象反应非常敏感，将无所事事、浪费视为一种恶，对不诚实、欺骗绝不妥协。

请各位教师们努力确保学生们在青少年时期就关心集体和社会财富。学生不应该在农业生产的紧张期逃脱劳动，对大家的担忧坐视不理。

春天到来时，集体农场播种了数千公顷的谷物、蔬菜和技术作物。如果不及时除草，作物可能会死亡。这时集体庄员们应该思考，如何最高效地组织劳动力，如何利用好劳动的每一分钟。作为教育工作者，你们必须确保学生集体能感受到劳动压力和社会的劳动积极性。派青少年到对社会福利和经济贡献大的生产领域劳动，不要让学生的劳动与成年人的劳动分开，成立孤立的劳动。组织好学生，与成年劳动者形成良好的关系，让成年劳动者也期待学生创造的物质价值；让学生把自己的劳动看作是成年人的劳动工作。在学生集体中少一些死板、学生气的劳动——这是让学生从小关心公共利益的要求。

在教育工作中，我们应该努力确保学生的劳动成为社会生产建设中的一砖一瓦。这也就意味着，学生应该在一、二年级暑假时有几天在田间进行集体劳动，为牛犊准备最好最营养的——富含维生素最多的干草。劳动的结果是他们准备了数十吨最高品质的饲料。孩子们收割干草，将其晒干，堆在一起。四到五年级的学生应该准备蔬菜植物——西红柿、卷心菜、黄瓜的种子。他们应该单独在集体农场从事这项劳动。孩子们清楚地知道，如果他们不为社会生产建设添砖加瓦，那么这栋建筑的建造就会被推迟。从劳动生活的第一步开始，劳动被赋予了公共利益的含义。

年龄较大的少先队员和共青团员可以完成更重要的劳动任务。集体农场每年分配给少先队和共青团 10~15 公顷土地，他们需要培育小麦、玉米和其他农作物的种子。在这里，整个农业劳动的周期——从第一次耕种到收割再到储存，应该完全由学生独立完成。

学生们感到自己和成年集体农民是一样的劳动者。邀请共青团委员会秘书和少先队队长，以及成年生产队的队长一起向农业集体委员会进行工作汇报。农业、经济利益在学校集体的精神生活中占据着重要地位。对物质财务的担忧，对学校集体中的相互关系、对少先队和共青团员的思维结构产生了特殊的影响。为了提高思想的成熟度，我们不仅要关注未成年学生和成年劳动者的经济、劳动关系，还要关注学校集体内部的经济、劳动关系。

77 如何在学校集体内建立劳动关系

年轻的朋友们,在这篇文章里我们将讨论创建和培育集体的一个特别重要的因素。我们要谈论物质关系、责任、领导、从属、互助、合作、经验交流等概念的物质形式表达。如果不重视物质价值,那么有关责任感的言论是毫无用处的。如果成员之间的关系没有相互协助、合作、志同道合地交换意见和经验的精神,那么就不可能存在任何集体。

我们学校的少先队有一个小型机械大队。该大队拥有一些机器和机械,可以在学校训练和实验场所以及儿童理工小组的活动中使用。这个大队有一辆由教师和高中生安装的小型拖拉机,少先队员使用它在学校和花园工作。大队还有两辆小汽车,供小学生学习使用,还有两台播种机、一台割草机、一台脱粒机和几台簸谷机——所有这些机器都是在学校制造的,适合儿童劳动。

学校的共青团拥有一个青年机器操作大队。大队中选举出一名队长,两名副队长,两名机械师。机械操作大队中还有一些年轻的电气工程师。正如少先队员和共青团员所说,该大队拥有一些属于成年人的机器:一台拖拉机、两辆汽车、一台联合收割机、几台播种机和簸谷机。队长和他的副队长(在大队的授权下)管理着机器和维修基地(他们可以使用电池充电装置和电焊机)。他们任命年轻的机器操作员在固定的时间内完成各种工作,能在机器操作大队中接受工作是非常光荣的事情。年轻的机器操作队队长在允许一个人驾驶拖拉机之前,会对这个人进行一轮的考核(例如,要求学生在车床上为机器做零件,参与新机器的设计和安装)。在春季和夏季的田间劳作时，班长会对年轻的机械操作员在少先队田地里和集体农场的工作顺序做合理安排。

我们学校的少先队和共青团中还有两个大队：青年植物培育大队和青年园丁大队。这些都是劳动集体，他们可以使用实验田、花园、学校养蜂场、培育植物和园艺的手工工具。

经济、物质关系的经验使共青团和少先队成为许多物质财富的拥有者。我们的少先队员和共青团员管理者学校的农场账户，将培训实验田地、果园和菜园获得的资金，以及出售水果、蔬菜、树苗的钱款记录一并交给会计部门。一年可以积累可观的数目。共青团和少先队委员会将这些收入用于购买乐器和组织游览，极大地丰富了共青团员和少先队员的生活经验。

与劳动密切相关的物质、经济关系是在一个集体内紧紧团结不同年龄学生的因素之一。

78 在一定的基础上建立不同年龄结构的集体

当然，物质、经济关系会产生另一种关系——精神关系。构成经济关系本质的劳动越有趣，在不同年龄的学生之间就会产生越深刻的精神关系。当一个团队中存在着精神关系时，也就是说在一个团队中儿童、青少年和青年共同操作机器，掌握复杂的实践技能，相互交流知识和经验时，劳动就变得很有趣。没有对工作的热情、对知识的渴望，没有涉及相对复杂的技能和能力的联合活动，作为教育工具的多年龄段集体就不可能存在。但是，如果你们实现了不同年龄学生的劳动和精神生活的融合，那么你们将拥有一个新的、非常强大的集体。

这种教育影响力的实质在于：儿童和少年，少年和青年被共同的兴趣、能力、爱好和职业所吸引。在这种情况下，个性在特定的活动中表达出来。多年龄团队的教育效果是：在一个鲜明的榜样的影响下，一个孩子、一个青少年意识到自己想要成为什么样的人，他渴望成为的理想的榜样是什么。如果没有有趣且激动人心的工作而产生的精神关系，根本就不会产生成为这样一个人的愿望，更别提支配学生的思想。

由不同年龄段学生组成的集体，也可以被称为创造性集体，学生的加入应该是自愿的。不能把学生强制搭配在一起。少先队员和共青团员对能力、爱好和志向的感觉非常敏锐，他们永远不会让对相应工作不感兴趣的学生加入机器操作员或植物育种者的集体。

还有另一种不同年龄的集体。通常，我们的学生在暑假不会去任何其他地方，因为村里的休闲条件非常好。就像乌克兰民间所说的，每条街道、每一个地方，都有我们的人民教育学中心。我们称之为公共教育小型学校。每个小型学校的灵魂都是一个个深爱孩子的人。这些人要么是已经休假的生产英雄，要么就是青年工人、集体农民和上班族，对于他们来说，与孩子们的交流是一种快乐，可以让他们精神生活变得充实。在我们的集体中，我们称这些人为人民教育中心的守护者。他们所带来的教育影响是巨大的：美仅由美创造，而人也只能通过人塑造。

　　三十多年学校工作经验使我相信，教育他人、关心他人也是一种自我教育。我们的教学工作人员努力确保每个学生都要表现出对年龄较小的孩子衷心的关照，即使在青春期，对孩子的敏感、同情心和担忧是青少年集体的崇高情感基础。这些情感在活动中表达得越积极，少年们的内心就会越柔和、越勇敢，少女们的女性光辉就会越耀眼。

79 让你们的学生也成为教育者

当我们的共青团为人们创建一个美丽角落时,一个叫娜塔莎的女孩出乎意料地进入了我们友好家庭的生活,我们亲切地叫她小娜塔。这个女孩住在郊区,她只有母亲。三岁时小娜塔生了一场大病,从此无法走路。春天和夏天时,母亲将女儿放在一个小推车上,推到一棵苹果树下。一个绿色的庭院、一棵苹果树、两个蜂箱、一口井、在谷仓里的鹳、一只狗帕尔玛、被狗看护的兔子们——这就是娜塔莎的全部世界。她的嗓音洪亮,健谈,但又因为自己的病情而悲伤。这个女孩请求我们来看她时带一些野花,因为她从未见过野花。我们每个人都感到心痛:这个女孩能康复吗?医生对她进行了治疗,但是他们无法保证她会很快康复:因为神经系统已经受到了严重的损害,女孩的腿一动也不能动。小娜塔,我们能为你做些什么?

只有想不到,没有办不到的!在她宽敞的房间里,我们建了一个真正的花园:种了一棵圣诞树和一棵松树,把盛开的菊花从学校的温室里带了过去。我们还在窗户下面种了玫瑰。一年后,女孩即将开始学校生活时,我们开始教她阅读和绘画。整个冬天,花在她的房间里盛开。但是小娜塔依旧面色苍白,而且很虚弱。我看到季娜和加丽娅从小娜塔家回来的路上偷偷哭泣。我们梦想着春天赶紧到来。

春天,核桃树的叶子开了花,草原上开出了第一朵花,我们把小娜塔放进小推车里,带到了魅力角。这个女孩惊讶地看着周围的新世界,她对一切都很陌生:土丘上草原飘动的雾气、歌唱的百灵鸟和巨大的蚱蜢……

在美丽的角落里,男孩和女孩建造了一个小屋。在暑假期间,我们在这里度过了整整一天。草原的空气、核桃叶的香气、红色的西红柿和多汁的西瓜、牙齿咬在苹果上嘎吱作响——这些可能是小娜塔最好的药物。她的脸颊变成了粉红色,眼睛里充满着喜悦。两年后,小娜塔站了起来。

医生说:疾病不仅可以通过药物治疗,而且也能通过情绪治疗,特别是小娜塔这类病。小娜塔担心病情的两年半,是一堂生动而真挚的实践课。男孩女孩们学会了"感受",用心感知那些用眼睛看不到的麻烦、焦虑和担忧。我坚信,如果集体对一个孩子关心,那么这个集体中的每一个学生也都会对人类最大的不幸——孤独非常敏感的。

80 教育学生对孤独者不能袖手旁观

在小娜塔还没站起来的时候，另一件不幸的事同样使我的学生们感到震惊。那天我们从森林回来，遇到了一位女士，她用忧郁悲伤的目光看着我们。在村子里，打招呼是每个人的习惯，无论是熟人还是陌生人。我们对她说晚上好，而她却回应我们：亲爱的孩子们，祝你们身体健康。从她的声音中我们感受到了悲伤。

"为什么她的眼睛如此悲伤？"我问一个男孩。

"她可能有伤心的事……但是什么事呢？"

一天后，我们得知了这位女士悲伤的原因，所有人都感到震惊。她的三个儿子、丈夫和两个兄弟全部在伟大的卫国战争中阵亡了，最近，她的母亲也去世了——这是她在世界上唯一的亲人了。她现在独自一人生活。

玛丽亚奶奶的遭遇让我们痛心。亲爱的奶奶，我们能帮您什么呢？当我们了解到这位女士的困境时，科斯嘉说："只要您能开心，我们做什么都愿意。"

那天玛丽亚奶奶对我们微笑了。她微笑着，回想起她的儿子们。当我们在她家种植了六个葡萄架和六株玫瑰——为了纪念她的儿子、丈夫和兄弟时，她微笑了。泪水从她的眼睛里流了出来，我们也哭了。因为我们在这世上还没有遇到比这更撕心裂肺的母亲之痛了。

我们想通过某种方式减轻她的痛苦。我们感觉到，玛丽亚奶奶不应该一个人待着，因为孤独带给她痛苦。我们还感到，既不要安慰她，也不要劝她忘记悲伤。因为这种感受会永远留在她的灵魂中，甚至带进坟墓。

后来奶奶每次看到我的学生们都会微笑。我们每天都会来看望玛丽亚奶奶，在她的美丽花园中劳动。玫瑰盛开了，葡萄成熟了。看着男孩和女孩的眼睛，听着他们吵闹的声音，我注意到他们从内心深处似乎对奶奶感到内疚。他们在享受生活、大笑、彼此微笑、享受阳光和晴朗的天空，而奶奶的儿子却在战争中丧生——这就是男孩和女孩们的感受。这是好还是坏？——我想，是好的。他们拥有了这种无法用言语表达的复杂情感，让不幸的人感到幸福是一种崇高的责任。

崇高的内心焦虑、纯洁而崇高的精神冲动——这是一种在成年后无法获得的财富。请在青年时期创造它、获得它，并把它当作无价之宝来珍惜。

一遍又一遍地重复这条建议是非常有用的：教育学生"看见"人。让每个人都学会在一个人中看到自己，就像照镜子一样。给每个孩子这面镜子，学习"照"镜子——这是教学智慧的高峰之一。如果您想成为一名真正的青少年教育者，请教会他们在这面镜子中看到自己最细微、最宝贵、最意外的特征。

81 教育学生不能空谈

这里要特别注意,因为空谈会破坏一个人的灵魂,也会侵蚀一个集体。空谈出现的地方,从本质上讲,无法形成集体意识形态的统一。空谈是一种不负责任的剑拔弩张,将武器变成玩具,这是一个人精神上的解除武装。

同时,提防谎言、虚伪等最邪恶的东西。从童年、青春期开始到成熟,让诚实成为男孩和女孩的习惯、品格和天性。教育学生养成对空谈、哗众取宠、空泛的辞藻、吹牛零容忍的态度。

如何将这些黄金真理付诸实践?这是一个关于自我教育的问题。多年的教育经验使我相信,如果语言存在于一个人的灵魂中,没有变成糟粕,那么它就是一种强大的自我教育工具。教男孩和女孩们不要随波逐流,不要说"就那样"。我是这样教我的学生:"如果你们想做一件事,但不确定自己要做什么,请不要说:我保证,我会做。最好说:我想尽力做到这一点,我会强迫自己做到这一点。然后付诸行动。无论有多困难,都要实现自己的目标。哪怕重做十次,但只要最后完成了,就不会在人前感到羞耻。"

请记住,自我教育的过程永远不是一帆风顺的。没有比克服自己的弱点更值得庆贺的胜利了。请记住,青年教育家首先要诚实,首先要在人们面前诚实,同时又要在自己和自己的良知面前诚实。真实地评估自己:我能做什么,不能做什么,如何进入自我完善的高峰。达到这一水平后,才有权说:我是自我意志的主人——对一切进行真实的评估是诚实和正直的基石。

能正确地反映生活的诚实之镜，是通过劳动打磨的。努力确保通过行动和劳动赋予思想和语言崇高的精神，让话语掷地有声，让每件事情都有着落。在教育方面，我必须再次重申，一切都是相互联系的。诚实和正直，对谎言和欺骗的零容忍态度来自于伟大的劳动真理。在乌克兰有一句谚语：手心长茧子，说话就真诚。劳动者发自肺腑地反抗谎言和不真实。真理的根源在共同利益的劳动中、为人们创造的喜悦中和克服的困难中。如果对一个人来说一切都是轻松容易的、毫不费力的，那么他的思想就会像蝴蝶一样飘忽不定。思想必须牢固，就像橡树的树干一样茂盛，像箭一样有力、像火一样明亮。真理的坚定性、思想的不可侵犯性、真理的明确性——这些源于困难的克服。年轻人应该知道什么是困难，并从自己的经验中理解。任何遇到困难的人都会珍惜这个词，并且不能容忍空谈。

82 如何教育学生自我教育

共产主义教养过程的科学建构提出了一个非常尖锐、紧迫,有关集体和个人的精神生活财富相互依存的问题。如果每个人都是消费者,精神上的充实和财富将从何处来?如果一个人不能彻底弄清楚蕴含着集体精神财富的水流从何而来,那么集体就不可能成为个人的教育者。如果每天与同伴交流的人都不敢开心扉,那么一群人就会变得无组织、无纪律。个人和集体是同一枚硬币的两面。没有个人的养育,就不可能有集体的教育力量,没有自我教育就无法进行个人教育。从广义上讲,我将教育的概念设定为集体教育与个人教育的和谐统一,在个人教育中,自我教育扮演着重要的角色。

教育一个人意味着教育他对自己要求严格。只有当一个人习惯于独立行走,同时你们也教会了他如何对自己负责、形成自己的生活方式时,教育才有可能。

如何在实践中做到这一点?

应该教育孩子从小就认识自己并进行自我教育。伟大思想家和艺术家陀思妥耶夫斯基的话很好地表达了自我认识的内容:"发现自己、征服自己、掌握自己。"情感、纪律和意志的教育,性格的发展和平衡——一个人必须独自完成所有这些,才能了解自己并掌握自己。

自我教育需要一个非常重要且有力的刺激手段——自尊心,对自己的尊重以及今天变得比昨天更好的渴望。一个人只有从心底对良言、建议、温存或责备的目光敏感时,才能进行自我教育,因为这些是人类最微妙、纯粹的教育手段。如果一个人习惯了无礼，只对"强硬"的词、喊叫和胁迫做出反应，那么谈不上自我教育。从本质上讲，自我教育涉及一个人对另一个人的信任，是对个人荣誉和尊严的一种诉求。教师带领学生进行自我教育，首先，自我教育是师生之间的关系，充满了对良好愿望的深厚信念。

基于多年的经验，我想为教育者提供一些实用的建议：学生的自我教育会受你教育风格的影响。在一个集体中，你应该平和，不要大喊大叫，不要虚张声势。如果教师不时地对一个学生发怒，并且还通过惩罚的方式，随意地大声呵斥学生，从而试图尽可能激烈地训斥学生，那么自我教育就不可能实现。一个人被责骂、惩罚的次数越多，他对良言的敏感程度就越低，列夫·托尔斯泰所说的善于思考的能力就越难以得到发展。

这不是书本上的观点，而是多年实践的结论——我坚信，在绝对正常的成长过程中，孩子不会受到任何惩罚。同志们，我们必须要声明一点：我们在谈论儿童和关于儿童的惩罚。在一切存在惩罚的地方，不可能有自我教育，没有自我教育，就没有正常的教育——这是因为惩罚已经使学生从责备中解脱出来，良心是自我教育的主要动力。没有良心，就没有自我教育。受到惩罚的人会认为：我不会再想我做的事了，我已经接受完惩罚了。

我们学校有这样的情况。九岁的科斯佳，一名三年级的学生，用弹弓打麻雀。他弄伤了那只鸟，抓住并折磨了这只小鸟。教师惩罚了这个男孩：禁止他与全班同学一起去森林三次。在孩子们期待的第二次有趣的郊游时，科斯佳则沮丧地坐在教室里，漫不经心地回答教师的问题。当整个班级去了森林时，男孩被留在了学校。在棚子的茅草屋顶上，他抓住了几只弱小、无助的麻雀，并将它们放在教师的桌子上。一天后（森林旅行在周末前）教师打开桌子，发现了小鸟：几乎所有的小鸟都死了。

如何解释孩子的这种残酷？为什么孩子经常因为惩罚而生气？因为"强有力的"手段使孩子无法理智地思考和反思；他不认为自己的行为是不体面的，反而认为是惩罚使他变得难堪。他从根本上忘记了不良行为，但是教育孩子的逻辑是让孩子自己反思。事实证明，孩子想到了不好的地方。他认为自己被冒犯了，愤怒在心中累积。此外，如果惩罚中出现不公正的情况，那么愤怒就会像雪崩一样，以强烈的、令教师出乎意料的方式崩塌。

　　我认为正常的教育方式如下：一个孩子不会做出格的行为，一个微不足道的"错误"可以带给幼小的心灵极大的内疚，受到良心的谴责——这是最重要的。教育的技巧是防止严重的过失。如何防止？首先，与孩子进行个人对话。

83 掌握与学生单独谈话的艺术

要仔细研究童年生活，思考孩子们的行为和他们之间的关系、孩子与父母的关系、与你们（教师）的关系，你们会发现孩子有一种内在的精神需求，想要在你面前敞开心扉，吐露心声。

但是你们要知道：只有在教师绝不要求或管束他人的情况下，一个孩子才会敞开心扉。例如，如果你们希望父母强迫学生变好，一旦孩子知道你有这种希望，或者你故意让他知道是你将这种希望托付于家长，那自我教育已经不存在了，不仅如此，班级里也没有了正常的秩序。您需要求助于父母，需要与他们交谈，但是不能让孩子认为：教师正在把我身边最亲近的人变得恐怖。在教育过程中，不能让孩子将任何一个人视为怪物。我们必须教育孩子不害怕他的母亲、父亲、教师，相反应该爱他们。使学生有自己喜爱的人。对于孩子而言，爱源自一个能消除他的焦虑和困惑，并给他安慰和自信的人。因为这个人能保护孩子脆弱、敏感的情感。而其中最重要的是保护孩子的自尊心。

如果一个教师没有成为学生喜爱的人，他怎么能指望得到学生的信任、坦率和坦诚呢？这对我来说很奇怪，也难以理解。

我还想建议：不要对儿童的抱怨感到不耐烦。不要将所有儿童的抱怨都视为打小报告，也不要像我一个同事一样，将所有小抱怨者都称为"哭哭啼啼的告密者"。这是不对的。应该学会倾听抱怨。我们通常认为，倾听是一门伟大的教学艺术。没有这种艺术，就没有自我教育。

你们要成功地让学生主动找你敞开心扉。要知道，倾听孩子的内心应该是一件最温柔、最谨慎的事情，只有懂得温柔和谨慎的教师才能在与孩子的交谈时鼓励自我教育。请记住，如果善良和相互信任是学校中的主流风气，那么当学生内心陷入麻烦、无法弄清内心所想、不知道真相或者应该怎么做时，他就会来找你。请记住，你可能不会在儿童激动的诉说中听到这些问题，但要学会读懂字里行间所表达的含义。保守信任你的人的秘密——这是教育和自我教育教学法的基本规则之一。学生向你们敞开心扉——这意味着你们会听到最困难和最复杂的问题。你们有可能听到学生不体面的行为，他们之间不体面的、需要成年人立即干预的关系。在这种情况下要有耐心，懂得用睿智的头脑抑制冲动，同时在思想的智慧中赋予热情。请牢记——与学生交流时，不能让学生在敞开心扉后就立即受到惩罚。要知道，对于一个年轻人来说，在集体面前公开最隐私、真挚的情感是对他最严重的伤害和惩罚。

我再说一次，如果一个学生正在经历悲伤、不顺、怨恨、不公正和混乱时，他会在自己所尊重、敬爱和信任的人面前倾诉自己的感受和想法。但是在这种情况下，每个诚实谦虚的人都会感到非常害羞。教师们要学会在学生眼中捕捉他内心的细微活动，让学生愿意与你进行单独谈话，要学会在成千上万个词汇中找到唯一能够巧妙、机智地引导你们的学生敞开心扉的话语。

如果有学生向你敞开心扉，这说明你已经在教育工作中取得了巨大的成功。但是，进一步的情况在很大程度上取决于学生对与教师交流的看法和感觉。

我坚信：如果学生没带着喜悦或悲伤的情绪去找教师，如果学生不向我们敞开心扉，那么这就绝对不是一种教育。在敬爱的教师面前敞开心扉是学生与教师情感和思想相互融合的过程。首先，一个人用言语表达出他的精神创伤，但这种行为会让人感到高尚：原始的感觉被更微妙、更崇高的感觉所取代。正如大家在这种情况下常说的：掌控自我——这正是自我教育的微妙冲动。因此，与教师进行单独谈话可以减轻压力、改善健康状况。分享的喜悦是双重的喜悦，分享的悲伤会变成一半的悲伤。一个人敞开心扉、倾诉自己的感情和想法后，他会相信自己可以改变自己的健康状况，从而影响自己。

在我们的学校中仍然有个别学生没有分享悲伤，这令人非常痛心。悲伤折磨着年轻的心灵，使灵魂变得空虚。当我看到一个闷闷不乐的少年，我的心会颤抖。最让他难过的是自卑感：知识是别人的，我什么都没得到，我是一个失败者，这就是我的命运……这种悲伤日积月累，逐渐痛苦地挤压着心灵，让学生心灰意冷……这位少年想分享他的悲伤，但羞于表达，所以选择保持沉默，在家中沉默，在学校也沉默。年轻的朋友，请仔细观察你们的学生，帮助这样的学生摆脱负担。首先，请给他们带来欢乐：让他们看到自己学习成绩的提高，并从中感到自豪……

如果你和学生成为朋友，如果你们彼此信任、团结一致，如果你从未对你的学生进行过邪恶或者令他们感到悲伤和痛苦的惩罚，那么从道德层面来说，你们有权力教导孩子自我教育，而您的教导将被视为学生生活经验的智慧。

但是还有另外一个条件，没了它也不能进行自我教育。形象地讲，这种条件存在于教师的意志和学生的意志之间；实际上，它把教育和自我教育统一为一个整体。这种条件就是学生对自己的认识；理解并感受到自己每天都在往好的方向转变，人类的美进入了他的灵魂，而这种美的进入在很大程度上取决于他自己及其意愿。自我尊重和自尊心是自我认知的绝佳伴侣。只有学生尊重自己的时候，自我教育才有可能进行。自尊感越强，对道德教导和指令就越敏感，接受能力就越高：需要这样进行自我教育。如果没有自尊心，那么他会对你们的教导和建议置之不理。

自我尊重取决于什么，如何培养？记住，我年轻的朋友，自尊是一种非常脆弱的东西。我们必须对它格外小心，就像一滴在玫瑰花上颤抖的水珠，我们在摘玫瑰花时不能晃掉这颗折射太阳的小水滴。要培养自尊心，必须采取温和、细微的教育手段，而非粗俗、"强劲""强制"的手段。我将自尊心称为孩子的文化修养。这是内心的柔软，取决于思想、动机和意图的纯洁度。这里涉及学校教育中最有趣的领域，这是一个值得高度重视的问题，但同时不幸的是很少有人研究，自尊心涉及儿童的智力劳动，更确切地说，自尊心是这种劳动在情感领域的反映，是一种文化修养。自尊来源于文化修养和对知识的喜悦。文化修养是儿童智力的来源。如果学习伴随着忧郁的情绪，一个人会对他人冷漠，也会对自己冷漠，就更谈不上自我教育了。作为一名教育工作者，非常重要的任务是在年轻的心灵中保留文化修养的明亮火花，不要让它熄灭，因为再次点燃非常困难。

因此，你的学生要尊重自己，珍惜教师对自己说的每句话，这意味着自我教育的种子已经在土壤中扎根：你可以教导学生如何进行自我教育，你们的教导不会成为空话。

自我教育有几个领域：道德、劳动、学习和体育。所有这些都是相互联系的，因为自我教育的整个过程是心灵和头脑复杂工作的统一，是情感和信念的统一。

84 如何促使学生在道德领域
　　　进行自我教育

　　学生能意识到每个个体都生活在人们中间，是自我教育道德的十分重要动机。人们每时每刻都能看到我们，即使没亲眼看到也能感受到我们的存在。在物质世界中我们接触过的每一件东西都有我们的痕迹，但是我们在与之交谈的人身上留下的痕迹是最明显的，有时是不可磨灭的。一个真正的人对他人的看法、评价不会无动于衷。但是无论我们做什么、身在何处，都要记住，人们总是看着我们的。人类生活中最无耻、最卑鄙的事情是道德的不洁。想象一个美丽的女孩忙着收拾头型——她想变得漂亮，因为大家都能看见头发，可是她的脚没有洗，是脏的。但这并没有影响她：毕竟，脚藏在袜子里。这就是道德的不洁：在公共场合，一个人成为全场的焦点、哗众取宠——这就是人民道德所说的无耻行径。

　　要教导学生在道德上对自己严格要求、一丝不苟，教导学生控制自己。从孩子上学的第一天起，我们就要教他：如果你独自一人做某事时，想一想世界上最爱你的妈妈是怎么想的。如果你做错了，还希望没有人看到，一切就会事与愿违。你的坏行为引起了母亲内心的痛苦。即使没有看到你，也能感受到你的所作所为。即使她不在你身边，也一直与你同在。当你回家后，她会在你的眼中看到你的所作所为。因此，最好立即告诉妈妈你做过什么。如果能不做坏事，那自然是更好的。请记住，你们的母亲一直在看着你。

　　在此必须再次指出，孩子对这些教导的感知和敏感性，取决于其精神生活的结构。首先，有必要确保孩子的内心中有亲切感、同情心和对母亲关心。心灵的雅致是孩子进行自我教育的必要条件，这样他的良心就会警惕自己的行为。道德领域中的自我教育是从基本的道德文化开始的。你的学生恐惧地环顾四周，从玫瑰丛中摘下一朵花——这已经是道德上的愚昧。学生走过哭泣的孩子，没有问：小朋友，需要帮忙吗？——这就糟了，因为他身上产生了道德上的冷漠。多年来，我们的教职员工制定了一份道德文化自我教育计划。该计划是学生与他人建立道德关系时的一系列要求。要求如下：

1. 世界上有些事物是无与伦比的。首先，这是我们的祖国苏联，它赋予您生命、名字和人格尊严。如果您正在经历一个艰难、绝望的时刻，如果你正感到困惑，或者不知道该做什么时，请思考：在这种情况下，祖国对你的要求是什么。请按照祖国的要求去做。

2. 记住你生活在人与人中间。你是什么样的人，不取决于你自己的看法，而是人们对你的看法。如果你认为自己无比强大，而人们却认为你的价值微不足道，那么你就是微不足道的；能够勇于承认这一点，能够克服自己内在的琐碎、微不足道的事情，就能够成为一个真正的人。

3. 真实的人是，当他独自一人时也不会做令人厌恶、粗俗、卑鄙的事。希望当你一个人独处时，你的良心能严苛地控制你的行为。让你的良心一直保持公正、严厉、铁面无情。

4. 善待他人，您可以获得无价的财富。为人民创造幸福的人是最富有、最幸福的人。记住，这个世界上只有人类能衡量财富、美丽和伟大。教育一个人，也是教育自己。请记住，每个人都会生老病死，死后能留在世界上的只有为人民创造的幸福。

5. 人类美丽的最高体现是女人。女孩不仅是你的朋友，她还是未来的母亲。守护她的美丽、保护她的健康意味着关心所有人类的美丽和伟大。

如果有需要，你甚至可以为了帮助女人而死，但不要偏离人类勇敢的正常道路。

  6. 一个人可能有很多种恶习。其中最可怕的是这20种：对善与恶的冷漠、懒惰、奉承、奴役、缺乏信念、对错误的默认；坚持自己的错误、自大、空谈、欺骗、独自一人时的无耻行径；拒绝遭到所有人反对的人、怀疑一个人的美好、虚伪、幸灾乐祸、对弱者的残忍、贪吃、吝啬。请记住，勿以善小而不为，勿以恶小而为之。首先，不能容忍自己身上的人性恶习。学会做让别人赞美的事情，而不要做令人讨厌、鄙视的事情。热爱自己的优点，讨厌自己身上的恶习。要知道缺点永远是缺点，只有一个利己主义者才会喜欢自己的缺点。

  7. 如果您发现自己身上有恶习，请严肃无情地改正它。摆脱邪恶的根源：通过劳动改掉懒惰，通过同情心改变对善恶的冷漠，通过原则改掉虚伪，通过坦率改掉奉承，即使全世界反对，也要用捍卫真理的决心反抗奴役；用独立思考改掉没有信念，用斗争改掉对错误的默认；用勇于承认错误改掉坚持自己的错误，并愿意与捍卫真理、反对你错误的人成为志同道合的朋友；通过谦虚改掉自大，不刻意谈论自己的能力；用朴素和自尊改掉傲慢，这是马克思最看重的人类品质；用重视语言的能力改掉说空话；用对谎言不容忍、对一切谨言慎行改掉欺骗；用自己的良心审判独自一人时的无耻行径；为弱者挺身而出，用胸膛为他们遮风挡雨；通过树立对人类美丽的伟大和力量的无穷信念改掉对美好的怀疑；通过诚实改掉虚伪；通过同情心改掉幸灾乐祸；用人道主义精神改掉对弱者的残忍；通过控制改掉贪吃；通过大度改掉吝啬。

  8. 如果你看到了邪恶，却在意识深处产生了这种想法：跟我有什么关系？——这是动物本能的声音，它在召唤你只在意自己。不要放纵自己的本能，把它们驱赶出去，对这种召唤毫不留情。

记住你是一个人。如果您曾经一次对邪恶视而不见,那么您将永远必须无视邪恶。你将变成一个可怜的生物。

9. 在人类世界中有许多种勇气,但是有一种勇气是人类的顶峰——这就是自尊。

当你在争取真理的斗争中获胜时,当你不得不承认自己的错误时,请保持自尊。

道德上的自我教育的本质是什么?

除了对美好的渴望,对美好保持高度的敏感、细腻的心思之外,学生对人的认识也非常重要。一个人在认识周围世界的同时,还需要从小认识人:认识他的思想、感情、心灵中最微妙和最复杂的变化、渴望和冲动。教育与自我教育的统一始于:一个人通过认识他人,从而认识自己,学会从外部认识自己。我们的教学技能中困难的事情之一就是教师讲述人的故事。我会向每一届学生介绍一位英勇的苏联士兵,伟大的卫国战争中,他在敌人的土地上用自己的胸膛掩护了一个小女孩,拯救了她。我还会讲两个同乡的故事:两个年轻的游击队英雄。他们落入纳粹的手中,在折磨中他们没有说出游击队的任何秘密,没有出卖他们的朋友,最终敌人把他们活埋了。我还会讲尼古拉·加斯特洛、卓娅·科斯莫杰米扬斯卡娅、亚历山大·马特罗索夫的故事;还有那些工作了五十、六十、七十年的杰出工人的故事。

我坚信,对道德的认知是对心灵和内心的认知,这不仅包括对美的钦佩,还包括对邪恶的不满。从世界文学的不朽作品中,我选取了一些文学名著中的经典邪恶形象。通过讲述亚戈和尤杜什卡·戈洛夫列夫、戈勃谢克和泼留希金的故事,我在年轻人的心中唤醒了一种深刻的、对邪恶的不宽容、零容忍的感觉。对一个人的不断的、永无止境的认知促成这样的事实——一个人在童年时代就已经感受到了日常生活中相互依存的思想的道德意义。看到他人好的一面，孩子会为美好而奋斗；一件好事会使他获得充满快乐的经历和极大的道德满足感。这些感觉反过来增强了孩子对善恶的敏感性，对任何侮辱都产生了不宽容。这对于教育和自我教育非常重要，即使在童年时期也应该表现自我，在对抗邪恶的斗争中坚持原则，理解并体会自己的参与感，从而感到胜利的喜悦。

朋友们，请记住，主动的自我教育源自教育者的话语对学生心灵最深处的细微触动——荣誉、尊严和高尚。要能够发觉孩子的内心需要这种触动的时刻。这一刻，在孩子们面前出现了两条道路：第一条道路，默默地与邪恶相处，对邪恶视而不见；第二条道路，必须与邪恶做斗争。第二条路径对孩子来说通常是一种巨大的精神压力，是道德力量的巨大付出，尽管从成年人的角度来看，在生活中与邪恶做斗争看起来并没有那么困难。

85 如何促使学生在劳动和学习中自我教育

首先,在学校和家庭中需要有劳动氛围。无论是在教室中还是在家中,散漫使通过劳动进行自我教育的宝贵教导变成一种空谈。

但还是存在着一些对于所有年龄段有着相同价值的通用的教导。总结如下:

1. 请记住,没有劳动,一个人会退化,会变成一个邪恶的生物。

2. 正如民间所说,通过观察一个人播种的麦穗,就可以了解他的为人。你亲手栽培的树就代表你,体现你的辛勤和技巧。你的练习本也代表你,代表你的工作和对父母应尽的责任。

3. 在学习时,你从上一代人那里获取了生活所需的物质。你的父母为你提供食物、衣物、书籍和视觉辅助工具,以便你学习并为将来的劳动做好准备。你的职责是尽早开始劳动生产,帮助你的家人,赚钱给自己买衣服、鞋子和教科书。

4. 体会劳动的不易。劳动和困难两个词在俄语中是同根词,这绝非偶然。没有汗水、疲劳、体力和精神力量就不是劳动。劳动不像游戏、娱乐一样有趣。劳动是另一种乐趣:将自己的思想、智慧、力量付诸实践,创造必要而美丽的事物——也就是创造了生活和美丽,从中表现出自己的意志。一个人可以活七八十年,而他亲手栽种的橡树可以活七百甚至是一千年。在世界中留下你的劳动成果,你会为此感到幸福。

5. 在一开始劳动时就要尝试看到未来的结果。不要害怕单调,不要因为今天、明天或是连续一个月做同样的事情而气馁。劳动就像爬一座高山：如果不走这条艰难而费力的石路，就无法到达顶峰。

6. 劳动使人成熟和勇敢。从六岁开始干一件事，并持续几年。如此一来，在十岁的时候，你会看到自己亲手劳动的成果——在荒芜之地生长出的一棵肥沃的树、一块肥沃的土壤。只有在亲自劳动，体验过出汗、疲劳和手心长茧的情况下，科学的智慧、知识的光芒才能真正在你面前闪耀。

7. 只有当你学会克服工作中的困难，同时运用管理技能和思维智慧时，学习才会变成一种劳动，你才能够管理自己、掌握知识。只有知道在劳动中如何思考的人才能理解思想劳动的秘密。请记住，很少有人天生具有牛顿或爱因斯坦的天赋。要想到最坏的情况——自然欺骗了你，你什么天赋也没有。要通过劳动和创造培育发展自己的能力。

8. 永远不要半途而废。如果你习惯放弃一件事，而后转到另一件事上，那么你将成为一个游手好闲、无知的人。

9. 要懂得熟能生巧。您可以重复执行同一项工作数十次，每次都可以达到新的高度。培养自己的技能，不满足于自己做过的工作。世界上存在着数百种专业，您永远都无法掌握所有。请只熟练掌握一件事，成为这一行的状元。

这些教导只有在一定条件下才能完整地传达给学生。如果学校没有快乐劳动的气氛，这些教导就会像空谈一样，学生甚至不会理睬它们，就好像你在用他们不知道的语言与他们交谈一样。快乐劳动应该在学校中占主导地位。什么是快乐劳动？快乐劳动源于劳动中的自我表达，是当一个人惊喜而感叹地看到自己的创造，发现了自己的内在之美，他的紧张、单调的时间，不起眼的工作时的复杂心理状态。为了使劳动成为一种自我教育（没有劳动中的自我教育，就没有自我教育），有必要给每个学生带来劳动的乐趣，以确保劳动成为他们的创造力。在劳动中寻找真实的自我，历时数年，直到形成志向。

只有在劳动中彰显个性时，学生才能体会到劳动的乐趣、劳动的创造，完成寻找自我。劳动自我教育不仅是收获土豆、收集废金属，而是对自己认识的加深、精神力量和双手技巧的融合、有意识的目标设定和克服困难。我再次强调，没有认真的思考、没有头脑的创造力、没有书、没有超出小学课程的大纲（由此才能形成学生的志向），劳动自我教育就不能实现。在无趣的课程中，学生没有从教师的话语中听到进入无边无际的知识海洋的召唤，也就无法完成劳动自我教育。如果教师没有喜爱自己的学生，没把对科学的热爱传授给学生，完成劳动自我教育也是不可能的。

如果所有这些都做到了，那么就可以给你的每个学生一项艰巨的劳动任务，这将唤醒他的热情、崇高的精神、对知识的渴望。例如你的学生喜欢土壤科学实验，当你谈论土壤中发生的复杂生化过程时，你会看到他的眼中闪烁着好奇光芒。如果你有一个生物办公室和一个温室，请分给学生一个角落，让他对实验感兴趣：没有生机的黏土可以变成活土。你可以与他们一起在土壤中培育有益的微生物。根据你的建议，学生会创造有利于微生物生存的条件。这就开始了自我教育：这个少年不能离开他的角落了。他坐在一盒土壤前，在试管和显微镜前，一直读书到深夜。现在不需要其他动力：这个人着迷了。现在要注意，你的学生不会对这些失去兴趣。为此，你需要以微妙、委婉的方式延续他的热情：他必须得到支持。

86 如何在脑力劳动中培养自律

我们将这些建议提供给七年级及以上的学生。这些建议与学生的精神生活中非常重要的领域有关,也就是说与阅读、思考和解决智力问题有关。这些建议的有效性取决于许多先决条件,其中最重要的是,在学校里,尤其是在教学人员中提倡丰富的知识文化兴趣;这些课程是在多方面的智力生活的背景下进行的;教师的知识比课堂上的知识多一百倍;每个学生都有自己的智力爱好。如果能做到这一切,那么学生将对脑力劳动中的自律非常敏感。我们认为最重要的是:

1. 如果你想有足够的时间,请每天坚持阅读。每天至少阅读两页与您感兴趣的学科有关的科学文献(你的选修科目)。阅读的所有内容都将成为教学的知识背景。背景越丰富,学习越容易。每天阅读的内容越多,知识资源就越多。因为你阅读的所有内容,都与课程中学习的材料有成千上万的联系点。这些联系点是(我们称之为)记忆之锚。他们将必须掌握的知识固定在知识海洋中。强迫自己每天阅读,不要把事情拖到明天,因为今天落下的,明天永远也补不回来。

2. 学会听教师讲课。在九年级和十年级,无论教科书是否包含这些材料,都要记下关键内容。学会记笔记可以教你思考和检查自己的知识。学会在课堂上做笔记摘要,并且每天至少用半个小时来整理笔记。我建议你将提要分为两栏(列):第一部分写课堂笔记,第二部分写下你需要思考的问题:把关键、主要的问题写在这里。这部分是构建这类知识所依赖的框架。人们必须每天思考的正是这些框架问题,并与科学文献结合起来。

如果学习每一科都遵守此建议,你将不需要临时抱佛脚。无须为了准备考试而重新阅读并背诵。学科的框架是一种大纲,在此基础上可以想起所有的材料。

3. 应该在清晨大约六点开始学习。早上 5:30 起床,做运动,喝一杯牛奶吃点面包,就开始学习。上课前两个半小时的脑力劳动是黄金时间。早上可以完成最困难、最有创造力的脑力劳动,思考一下理论的关键问题,阅读、研究复杂的文章,撰写摘要等。如果你的研究内容需要脑力劳动,请在早晨进行。你不需要一直研究到半夜。制定日常作息表,让你能在 12 点前至少睡两个小时,这是最理想的睡眠。

4. 请学会划分脑力劳动系统。这里讲述的是主要事情和次要事情的比例。主要的事情必须能够及时完成,不要让它降级为次要。最主要的事情必须每天进行。请确定最重要的科学问题,有助于你的能力和志向的形成。这些科学问题应该在您早上的脑力劳动中排在首位。要学会找到有关主要学科的书籍,并进行长期学习。

5. 学会创造内部动力。在脑力劳动中,很多事情都没有那么有趣,无法让人有愿望完成。通常,唯一的动力就是需要。请从这个无趣的工作开始您的脑力劳动。要知道如何专注于解决复杂的理论问题,慢慢就会从需要变成我想。要把最有趣的工作放到最后。

6. 世界中的书数不胜数。您必须非常严格地选择阅读书籍和杂志。好奇和求知欲强的人想阅读一切。但这是不可能的。知道如何限制阅读范围,排除可能扰乱学习作息的书籍。但与此同时,必须记住,我们也有可能随时需要阅读一本意料之外的新书。为此需要预留一定的时间。预留时间基于在课堂和笔记中熟练掌握知识而产生的,不是通过临时抱佛脚挤出来的。

7. 懂得对自己说"不"。你被许多活动包围着。有业余艺术小组、体育小组和舞会。要表现出定力：很多此类活动都可能对您造成极大的影响。我们需要获得乐趣和放松，但是我们绝不能忘记最重要的事情：你是一个劳动者，国家在你身上花费了很多钱，不能把跳舞和休息放在第一位，劳动应该是第一位。我建议通过下棋、看小说让高中生休息。在安静的环境中下国际象棋游戏是调和神经系统、训练思维的绝佳工具。

8. 不要在琐事上浪费时间——不要闲聊、闲逛。事情是这样的：正如乌克兰语中的一句话，几个年轻人聚在一起并开始"胡扯"。一个小时过去了，什么也没做，在谈话中没有诞生充满智慧的想法，而时间却永远流逝了。要学会把交谈的内容变成精神上丰富自己的源泉。

9. 学会减轻未来的脑力劳动，也是为将来积累时间。为此，您需要养成在小本上记笔记的习惯。我现在大约有 40 个笔记本，每个都是用来记录生动的、转瞬即逝的想法（想法经常会出现一次然后就再也想不起来了）。我还会写下阅读中最有趣的地方。将来所有这些笔记都会发挥作用，有助于减轻脑力劳动。要创建自己记笔记的系统，珍惜从书本中学到的知识。

10. 对于每项任务，请寻找最合理的脑力劳动方法。避免使用模板和公式。花时间来深刻理解您要处理的事情、现象、规律的本质。您思考得越深，它就会越牢固地存储在您的记忆中。在理解之前，不要死记硬背，这将浪费时间。不要反复地读你已经知道的知识。避免粗略浏览尚未理解的内容，否则你将会因为单独的事实、现象和规律不得不多次回到这里。

11. 如果你被打扰，脑力劳动将无法顺利进行。在集中精神学习的时间内，每个人都必须完全独立地学习。最好在严格遵守该制度的阅览室学习。

12. 脑力劳动需要数学和艺术思维交替进行。用阅读小说替代阅读科学书籍。

13. 摆脱不良习惯（例如，在开始工作之前先坐 15 分钟，翻阅你不会读的书，醒来还躺在床上等)。

14. 明天是勤劳最大的敌人。永远不要把今天需要完成的任务推迟到明天。养成今天提前完成一些明天工作的习惯。这将是有效的内部刺激因素，为未来定下基调。

15. 永远不要停止脑力劳动。夏天也不要与书分开。每一天都让知识文化丰富你——这是未来脑力劳动所需时间的来源之一。请记住，您了解的越多，就越容易获得新知识。

87 如何引导学生在体育中的自我教育

体育、智力、情感、审美和劳动工作必须统一、相互依存。体育是精神生活和知识财富充实的基本条件。同时，体育使其他人类领域都变得高尚。

在我们的教师群体的工作中，在体育领域中教育与自我教育也是统一的。如果学生不是我们的劳动小帮手，我们无法想象他们的心理和身体的健康情况。

我们坚信，体育文化中的教育与自我教育的统一从很小的时候就开始了，并且与国民教育学的思想联系在一起：一旦孩子学会了自己吃饭，他就要开始劳动工作。我们努力使孩子在劳动中思考，在思考中劳动。只有在这样的条件下，一个人才能理解体育文化的含义、感受到自己的力量、明白思想健康对身体健康的依赖性，才能指导他的精神力量来增强身体力量。如果我们的孩子从小就不劳动，那么体育方面的自我教育将没有任何意义。但是，因为我们的孩子是劳动者，他们对我们的教导非常敏感、非常感兴趣，并会按照我们的建议去做。以下是我们对体育自我教育的建议：

1. 健康使精神生活充实、快乐，使头脑清晰。健康掌握在自己手中。

2. 健康最重要的来源是大自然：空气、阳光、水、夏季的炎热、冬季的寒冷、阴凉的小树林和三叶草盛开的田野。要在大自然中生活和劳动，在日出前早起。夏天太阳升起得很早，但是您必须在太阳升起之前起床。去田野呼吸新鲜空气，用露水洗手和洗脸——这是一种真正的神奇的活水。

空气中弥漫着花朵和成熟庄稼的香气,有益于健康。在夏天呼吸这种空气的人永远不会患肺病。

3. 遵守规则:每天从睡眠中醒来后,立即进行早操。在夏天,你可以在院子里的干草或新鲜的稻草(新鲜脱粒的)上睡觉,上面分泌的植物杀菌剂可以预防流感。

4. 每天早晨用冷水擦身。在池塘里洗澡,直到秋天出现霜冻。冬季,用雪擦腿和脚(直到膝盖),直到热量从膝盖蔓延到脚。不要怕在雪地上赤脚行走几分钟——这对脚和整个身体都是很好的锻炼。

5. 不能停止体力劳动。劳动使身体笔直、灵魂正直。坚持日常劳动使人长寿。从幼儿到老年,直到生命的最后一天,坚持劳动的人都保持着体力,有清晰的头脑以及丰富的感知力和情感。

6. 每天行走三(对于儿童)到十公里。养成在森林、草地、田野中散步的习惯。如果你上学的路程有两三公里,并需要穿过草地,那么你是幸运的。在夏季,要养成在鲜花盛开的地方、成熟的庄稼地和草丛中(尤其是在小麦、大麦、燕麦、三叶草丛)走几公里的习惯。

7. 让简洁、朴素和节俭成为你的座右铭。小时候不要吃很多糖果。最好根本不吃纯碳水化合物。不要贪吃,不要暴饮暴食。吃饭不要吃十分饱。

88 如何实现集体教育个人的作用

这个建议基于一些理论概括,对于实际工作非常有用。首先,了解教育措施的基本原理来源及其复杂的相互依存关系非常重要。这个建议对建立集体和个人的和谐统一尤其重要。

那么,集体的教育力量源自哪里?集体在什么条件下才能成功、有效地完成个性教育的任务?总结一些先前的建议,我们得出以下几点重要的结论:

1. 每个人都应该清楚并感觉到:生活在我们周围、在我们身边劳动的是人(我把这种条件称为"体会人的存在"),人有喜乐和悲伤,必须以人道主义的态度对待他人,理解并感受他人此时的精神世界。如果每个人都没有能力在人类海洋中用心灵和理性指引航行,那就不可能有集体,也不可能尊重团队中的每个成员或自我尊重。

2. 每个人都要限制自己的欲望,放弃某些欲望,将自己的欲望与其他人的进行对比。这一重要的品质来源于敏感性课程、人性课程(之前讨论过),其中包含:一个人应该凭借自己的内心了解另一个人的精神世界,给予他帮助和力量,在另一个人的心中留下属于自己的痕迹。学会为了他人的利益而限制自己的欲望,尤其体现在我们通常所说的谦让精神中。如果人们没有这种能力,生活就会变成地狱。如果每个人都为所欲为,那么我们的世界就会变成人间地狱。

3. 不断发展一个人的道德、情感、智力、审美、创造精神。集体只有在精神上不断发展,才能成为真正的集体,从而产生一种巨大的教育力量。只有在每个人今天都比昨天更聪明、更明朗、更慷慨的情况下，才能实现精神的不断发展。我们谈论的是集体不断进行精神的自我充实，让一个创造新人的雕塑家，始终对自己精雕细琢，使自己的线条越来越精细。

4. 要有高度发展的自尊心。发展、保护、珍惜每个人自尊的意识，教育心灵对善良和美的敏感性，从而提高集体的教育能力。一个人的精神生活有一个完整的时期：从5~6岁至9~10岁，我称之为集体生活准备期。在这个时期内，不要有无礼、冷漠、无情的表现，因为它们是对孩子心灵最脆弱之处的打击，此后，孩子的心灵会变得像水牛的皮肤一样，坚硬而粗糙。在这个时期内，教育者要警惕地保护孩子内心的敏感组织。要知道，如果你们在童年时期就使他们的内心在道德方面变得坚硬粗糙，那么到了青春期，你们的学生会嘲笑你严厉斥责、直击要害的教学技巧。一个人在幼儿时期受到的惩罚越少，他对善良语言的回应越敏感，他的良心的守护者——心灵就会越忠实，由这样的孩子组成的集体就越强大。

5. 让孩子有美好向上的愿望，让学生追求自己留在他人心中的良好印象。这是集体教育力量的重要来源之一。这里蕴含着丰富的道德关系和促进集体行动的思想。一个人在看到周围人的闪光点、对一种道德美感到钦佩和惊奇时，也想成为一个好人。只有在受到崇高、高尚的思想启发的集体劳动中，才能形成一个人的自尊，这决定了一个人的整个精神面貌和他对别人的态度。教育的智慧和技巧在于关注他人，以高尚的劳动目标赋予集体崇高的思想。

6. 不能在集体面前批评孩子的性格弱点，不能让学生的"灵魂扭曲"。一个人不应该害怕团队，而是应该为集体看到了他的优点、称赞他的优点而高兴。集体对个人的权威必须建立在非常微妙的人际关系之上。只有当集体时常看到成员的优点，而不是缺点时，集体的权威才会显示。

7. 团队成员的兴趣，爱好和活动的多样性。如果学生没有个性，就没有集体。只有在每个人都有自己独特的面孔、每个人都在想办法丰富与同学之间的关系时,集体才能获得教育的力量。

8. 集体的社会积极性。集体的教育力量,即它对个人的权威,取决于集体表达出来的社会思维。学校的集体必须不断参与社会活动,参与建设和加强共产主义的物质和技术基础,参加提高品德的活动。

9. 集体内部的经济关系。如果一个人亲身体验对集体财富所负的责任,那么义务、责任、自觉服从、个人利益和公共利益相结合的正确道理将只能存在于美好的愿望中。多年经验表明,集体财富的责任感始于学生亲身体会到集体中的道德关系——领导与服从。

10. 不能在集体中划分积极派和消极派,在这种情况下,会有人觉得自己注定是消极的、无所作为的,而他的命运只能服从他人。集体成员的积极性不仅取决于提出要求、领导别人的能力。集体成员的积极性应该是多种多样的。让集体中的每个成员在能充分展现自己的天赋、能力和爱好的活动领域中展示自己。没有个人的全面发展,就没有个人在集体中的社会积极性。集体中不应该有任何消极的、被动的、在任何领域都碌碌无为的学生。领导的权力应源于在创造性劳动中产生的天赋、能力、技能、榜样的积极性。领导学校集体首先意味着要在劳动中成为他人的榜样。

11. 集体的多样性。只有一个人积极地参加几个任务不同的组织时,集体的教育能力才能得到体现。只有在兴趣、爱好等各种活动中,不断寻求自我,发展个人的能力、才能时,才能实现集体与个人的和谐。没有各种各样的集体,学生的积极性就会削减。如果学生的生活封闭在一个初级集体的框架内,这个集体就会"枯萎",不可避免地会出现消极派。

12. 使儿童和青少年关心他人,尤其是关心幼儿。只有当每个人都全身心地关心他人时,集体才能成为有效的教育力量。在形成观点、信念、理想的时期,这种关怀尤其具有重要的教育意义。

13. 集体教育者：教师的智慧。当然，集体是教师的创造；它不能凭空产生，也不能独立存在。没有聪明的教师，就没有集体。因此，在没有班主任的情况下，他们无法认真听取关于班级的完全独立"创新"建议，就像让患者为自己治病一样不可能。教师的智慧在于，学生不会感到自己被事无巨细地管束或者形式主义地监督，让学生把教师的意图当成自己的意志去执行。真正的教育者永远不会使孩子们感觉到指令。但是孩子们年龄越大，他们对教师的要求就越高。青少年已经完全意识到，教师应该成为榜样、理想和集体道德准则。因此，青少年的教育者需要对生命和人有特别深刻的了解。集体的教育者是一种精神力量，决定了集体的精神、道德、智力、情感、审美的不断发展。为了实现这种精神发展，教师必须每天与学生的思想和内心保持接触，有必要不断向他们展示日新月异的生活和人的精神世界。

89 在学校集体中什么是可以讨论的，什么是不能讨论的

多年的教育工作经验使我深信，不是有关学生行为的一切都可以在学校集体讨论。集体讨论的主题中不允许出现：

1. 由家庭明显或隐蔽的异常——父母的反社会行为、家庭纠纷、丑闻、父母的分歧等引起的儿童（青少年、年轻人）的不良行为，不能在集体中讨论。在这种情况下，青少年的不良行为尤其不能讨论。他们完全了解自己的行为与家庭生活之间的关系，而生活中黑暗面的暴露使他们感到沮丧。

2. 孩子由于继父或继母而造成的精神崩溃而做出的不良行为或某些负面举动，不能在集体中讨论。无论孩子看起来有多么邪恶，多么严重地违反纪律，如果他没有父亲或母亲，就不应在集体中评判他的个人行为。

3. 孩子的个别行为举动旨在客观上表达对父母或任何成年人（包括教师）的粗鲁的抗议，不应该在集体中讨论。这一点很重要，不仅是为了保护成年人的权威，还是为了孩子自身的利益。如果一个孩子做出不良行为是表示抗议，那么他会认为处理他这一行为本身是不公正的。

4. 由教师的错误引起的儿童（青少年）的不良行为，不能在集体中讨论。批评学生的错误行为时，教师绝对不能说："这是在说你，不是教师的问题。"或"这是教师的事儿，与你无关。"在讨论学生的错误的同时，不能讨论教师的错误。

5. 由于教师在评估学生的知识方面存在偏见而引起的学生的不良行

为，不能在集体中讨论。与许多其他情况一样，这里我们处理的是儿童的委屈。这是一个非常温柔、反复无常的伤口：你们对它的担心越多，越是频繁地触摸伤口，伤害就越大。最好不要管它。通常，不在集体中谈论某些事情，不是因为孩子们无法辨别是非（有时他们的辨别能力比成年人还强），而是因为没有必要重新撕开伤口。在大多数情况下，要避免造成新的心理创伤。

6. 学生在智力发育异常或勤奋努力学习后依旧成绩落后、无法理解学习材料的情况，不能在集体中讨论。教师必须始终能区分懒惰和粗心与对所学内容不明白、不会学习。如果教师无法做到这一点，他就不是一名真正的教育者。在集体面前谈论并将这些与实际情况背道而驰的东西当作懒惰和过失时，只会给学生带来伤害、苦涩和怨恨。

7. 如果学生的不良行为涉及与其他年级学生间的私人关系时，这种行为不能在集体中讨论。在这种情况下，学生的坦白会使他感到自己在背叛朋友。学生之间的关系并不像乍看起来那样简单。儿童有他们自己的荣誉和耻辱的观念，这些观念必须得到尊重。

8. 与家庭中的特殊关系有关的不良行为，不能在集体中讨论。因为对儿童而言尚为时过早，无法向他们解释这种特殊关系。对于此类情况必须能隐晦地平息。

还有许多其他的不良行为不能公开讨论，不能声张。这些行为很难一概而论，很难找到统一的衡量标准和全部涵盖的标准。

在写这些建议的那一天，六年级就发生了这样的事件。一名叫尤尔科的学生突然称自己的同学弗拉基米尔无耻。我们的青少年完全理解这个词的含义。如果尤尔科毫无根据地责骂，弗拉基米尔会感到生气。但是，相反，他感到悔意并认为自己有错。发生了什么？尤尔科是个近视男孩，但他的眼镜非常糟糕：通过这副眼镜，物体成像的位置与实际不符。在绘画课上，弗拉基米尔取笑了尤尔科：他把油漆放在自己的面前，男孩低下头伏在桌子上画画，弗拉基米尔就把油漆盒移动了几厘米，导致尤尔科用错了颜料。尤尔科发现了这个无礼的玩笑，非常生气，在回家的路上哭了起来。整个班级都听到了"无耻"这个词，但是没人知道弗拉基米尔开过的玩笑。两天后我才知道这个词，我不是从尤尔科的嘴里得知，而是从弗拉基米尔那里得知的。三天后，尤尔科来到我身边，请求我：不要告诉任何人弗拉基米尔的行为……

多年以来的工作经验使我相信，在我们这份困难的、有时甚至是非常困难的工作中，必须遵循一个非常重要的规则：如果学生们自己能够理解并处理他们之间的复杂关系，那么就不必安排集体讨论。

这时读者可能会提出一个问题：什么是集体可以处理的，什么是集体不能讨论的？我的答案是：没有。

我确认一遍：如果我们谈论的是不良行为，那么就根本不应该对其进行审查、讨论。首先，真正的共产主义教育在于纠正任何异常、不良的行为，或者使其尽可能少地发生。其次，集体作为一种教育力量影响个人，不是通过处理所有不良行为。第三，集体对各种冲突处理得越少，它的教育能力就越强。共产主义教育还有一个极其重要的规则：必须学会缓和、平息冲突，不要煽风点火，星星之火可以燎原，要在萌芽时期将其消灭。

他们可能会说：您是否支持"无冲突的教育"？是的，我反对用严厉斥责、发怒以及强有力的教育方法对待儿童（仅指儿童）。不能把"成人"社会学的概念和准则带到儿童世界中。教育孩子时，震惊、冲突、暴发并不是客观必要的因素，因此，最好不让学生感受到这些。

90 集体中的业余活动包含什么

业余活动并不能决定精神生活的丰富程度，相反，集体的业余活动是丰富精神生活的结果。在集体中愿为他人服务的情感发展得越强烈，每个人带给身边人的精神价值越多，每个人向他人展示的内在美越鲜明，为人类共同创造美好的愿望在集体劳动中越深刻，那么这个集体就越能真正关心每个成员的命运、影响人际关系，确保这种关系成为人道主义的关系，并对"我行我素"肆意妄为的态度表现出共产主义的原则性、严谨性、不容忍。

年轻的朋友们，要努力确保集体的业余活动成为集体对个人的要求，同时又是集体对个人的关怀和保护，这是一种相互关系的准则。我将简要介绍学校中的集体主义相互关系的准则，这些准则表达了对人的要求与关怀的和谐统一。

1. 从班级体中（从四年级开始）每一学季选出一名学生，负责记录出勤状况和家庭作业完成情况。每个来上学的学生，都要向这位助理教师汇报他是否完成了任务；如果没完成，要说明为什么。教师的助手会汇总作业并向教师汇报（例如，三名学生没理解题目，一名学生不会算数运算）。教师在每个班级，对于自己所教的学科都有一位课代表（也可以是几个）。通常，课代表是该课程中学习最优秀的学生，对知识的要求远胜于出色的学习成绩。在听完助手关于完成作业的汇报后，教师立即告诉课代表：请与这些学生一起学习，向他们讲解问题，应该完成哪些实际练习。如有必要，教师可以亲自补课。只能在上课前才进行额外的课程和答疑，永远不要在下课之后进行额外的补课。每个人放学后应该立即回家。不要留下任何人参加其他额外课程。如果需要，请在上课之前完成。但是，由于互助互信的精神渗透到学校的全部工作中，由于学习是建立在对人的尊重之上的，所以每个人首先都严格要求自己。需要帮助的学生，总是会一大早就来参加补课或答疑的。

2. 由集体选举一名学生，负责记录公益劳动。我们的学校的每个班级轮流在学校培训和实验场所或集体农场工作，每天都有一两个班级参加（取决于需要，但全年无休）。

组织社会公益活动的学生，负责记录其他学生的劳动情况：谁出席了以及劳动质量。如果有学生有充分的理由今天无法劳动，这名学生可以要求公益活动组织者将他调整到明天或后天，去另一个班级干活。一旦学生生病了，可以在康复后继续完成。没有，也不可能有任何非正当理由可以摆脱劳动。

3. 每个班级都要有一个负责管理教室的学生（管理班级图书馆、直观教具、作业本、素描本、颜料、用于清洁的扫帚和抹布、在体育课上使用的运动鞋、粉笔），还要管理班级值日表。每天任命两名值日生。他们手臂上佩戴着有字的徽章。值日生的职责非常广泛。他们在上课开始前15分钟来到班级，用湿布擦黑板和课桌，在门上放一块潮湿的地毯，防止灰尘进入教室，呼吸灰尘是有害的。上完课后，再次用湿布擦黑板和书桌。

4. 每个班集体每年选出一名学生，负责同学的健康。他负责记录同学们在家中进行早操的情况。星期六，健康委员要询问同学，是否做了早操，记录中断做早操者。然后，班主任与这些学生进行关于自我教育的谈话。健康委员还会记录感到不舒服的学生，并向教师汇报。教师让生病的学生去看病。

5. 从三年级开始，每个班级中都要选出一名学生来管理成绩本。教师给定的评分由学生自己填写在成绩本中。签字的人不是教师，而是负责记录成绩的学生。我们非常重视集体的这种业余活动：它表现出了集体中的信任精神。有必要在这里补充说明：如果学生无法完成学习任务，我们不会给他任何成绩。评分是学习的积极结果；没有评分——这表示尚未正常完成学习任务。这样可以避免记录成绩委员与班级同学之间的关系异常：委员永远不会在学生成绩本中写下不及格的成绩；例如，在语法课中，学生的成绩本没有分数的事实对父母来说是一个令人震惊的信号——儿子（或女儿）学得不好。

6. 从四年级起，在每个季度和学年末之前，由班级集体决定应该降低行为成绩的学生。要在会议上讨论对学生非常重要的问题，并且在该会议上，教师（班主任）具有与所有学生相同的投票权。在学校里，也应该有这样一条规则：如果班集体对学生行为的评估尚未达成共识，则问题将转移到教育委员会，该委员会拥有最终解释权。但是，我们学校从未发生过需要教育委员会做出决定的情况。教育委员会不会对学生的行为进行评分。

7. 共青团委员会和少先队委员会掌管学校的物质资产：教学实验田、花园和养蜂场获得的收入。每年，学校账户至少会收到 2000 卢布。共青团成员和少先队员决定如何使用这些收入。这些资金为有需要的人提供物质援助。如果家庭有任何麻烦，这名学生会求助于他的同学，他们会帮助他。还可以用这些资金进行短途旅行、购买乐器、为其他共和国的客人购买礼物。

这是集体从组织和物质方面进行业余活动的基本内容。这是在集体业余活动基础上建立社会政治关系和精神关系的前提。我们努力确保业余生活在学生的精神生活中，特别是在社会政治生活中有明确表现。这决定了青少年的社会和道德成熟度。前面提到的科学兴趣小组、为居民举办的科学和自然知识之夜、由不同年龄学生组成的集体，所有这些都是生动的、创造性的业余活动。

91　课堂中的思想教育

在教育工作的实践中,存在以下主流观点:掌握了知识,学生也在道德上得到了教育,掌握知识本身就是道德发展的过程。启蒙道德观已深深植根于许多教师的心中,以至于他们很难摆脱僵化的信念。课堂中的培养被认为是学生获得知识时自然而然的事情。"通过教育进行培养""通过学习知识进行道德的培养"——这些表述基于相同的错误道德教育观,实质上产生了自满和自我安慰。

生活使我们相信:知识的掌握、对自然科学和社会学规律的理解、良好的答案以及同样出色的成绩——这些其实不等同于道德教育。教育是从知识发展成信念开始。只有在真理的知识触及灵魂、激发内心,促使学生通过实践和行动捍卫他们认为神圣而又宝贵的真理活动时,知识才能发展成信念。掌握知识,重视信念。缺少某种特定知识并不表示一个人的道德缺失。但如果缺乏信念,即使掌握了知识,一个人的道德也是缺失的。

我建议年轻的教师:如果你们想成为一名真正的教育家,首先要知道如何看待知识和信念之间的区别,学会如何为信念打下基础,如何唤醒道德热血的根源——信念。

请记住,关于自然和社会的实际知识是形成科学思想、社会思想、政治思想、道德观念的基础。思想在实际知识与信念之间架起一座桥梁。知识通过思想变成信念。思想不再只是知识。这个想法已经包含了"灵魂的一部分":这意味着一个人对已经了解的事情有着个人态度。人们可以透彻地了解最细微的细节,知道尤里斯·伏契克的悲剧性英雄的生活和奋斗,但只知道事实还不算思想。当读者成为英雄的热心支持者时，思想就形成了。如果你的学生准备好与英雄肩并肩站立，准备好为共产主义献出自己的生命，在这种情况下，你们作为教育工作者所接触的才是思想。这个思想的特点是，由于一个人对事件、现象、事实的个人态度，他们对具体事实的理解和概括具有鲜明的情感色彩。

从实际知识转变为思想时，就会产生信念。教师的任务是赋予这种转变鲜明的表现力，确保每个学生不是一个冷漠的"知识需求者"，而是一个对真理和正义的胜利极为感兴趣的人。

所有的科学知识都能成为思想教育的材料吗？不，不是全部。有的实际知识在思想里是中性的（当然，这并不意味着学习该知识的课程没有任何教育意义）。在学习简单的乘法公式时，在资本主义学校和社会主义学校中蕴含的科学真理与道德的关系是相同的。但是，即使在自然科学的学科中，很大一部分知识也包含着激烈的思想斗争与冲突。许多科学真理是付出了昂贵的代价才获得的，有的甚至是以牺牲杰出思想家的生命为代价。我建议你们，要特别注意研究这种真理。在谈论太阳系时，要对思想家表示深深的敬意，使你的话语中充满崇高的思想：反抗人类的守旧、无知和精神奴役。使思想家的战士形象给学生留下鲜明的印象，在年轻的头脑中植入真理永远是革命性的想法。

在物理、化学、生物学、数学课程中讲授的材料时不应毫无感情地讲解，而要引导年轻研究人走上棘手的探究科学之路，进入一场为真理奋斗的崇高旅行。在教授自然科学课程时（物理学、化学、生物学、数学、天文学），要让学生对科学符号的认识、理解和领悟变为年轻心灵内在的斗争：理智的斗争，反对烦琐哲学、学术不正，反对盲目信奉、禁锢思维的宗教。让无法抑制的、熊熊燃烧的人类好奇心、对真理和知识的热情冲动贯穿所有课程。

特别要注意的是，有思想的教师可能在自然学科的教学大纲中有新的发现，包括还没有被科学完全解释的未知的前景。时空的相互依存、物质和能量的本质、光的本质、粒子和反粒子、引力——这些概念使教育者的思想具有崇高的理性思维。教师在这些学科的课堂上，向全班学生展示宏伟的画面、时空的无限性时，不要让学生感到自己十分微不足道。

在传授人文知识的课程中，没有，也不可能有思想上的中性材料。如果你是历史教师，那么你的教育任务首先是注意到你的课堂中并不是抽象的学生（自然界中不存在）。在你眼前的应该是具体、活泼、独特的人：科利亚和妮娜、瓦尼亚和谢尔盖……应该是具有深厚的个人思想和感觉，渴望和冲动的人。这一点非常重要，因为只有人拥有个性时，才能产生颤抖着、跳动着的个性思想。这个思想只存在于一个人的思维、行动和奋斗的具体精神世界中。无论你讲述什么知识：斯巴达克斯领导下的奴隶起义、反对俄国皇帝保罗的宫殿阴谋、第二次世界大战的秘密策划以及斯大林格勒的英勇战役，它们总是直接触及少年、年轻人的具体精神世界。一分钟都不要忘记，你面前的是科利亚和妮娜、瓦尼亚和谢尔盖。思想只存在于学生的心灵中——记住这一点，我的朋友。这就是为什么您作为人文学科的教师，需要确保科利亚和尼娜、瓦尼亚和谢尔盖不是知识的冷漠需求者，要让他们感觉到自己是真实事件的参与者。人类社会的历史永远是斗争的历史。在剥削阶级的社会中存在进步与反动的斗争，在无阶级的社会主义社会中，人类为掌握自然界、为建立共产主义而斗争。历史的教学技巧在于，赋予正在掌握知识的人战士的灵魂。

在课堂上，如何确保学生成为战士呢？这取决于两个条件。这两个条件取决于你——作为教师、教育工作者、教职员工，取决于学校的整个精神生活，取决于学校如何积极参与公共生活。

第一个条件是在学校、集体生活、教学和对社会有益的工作中弘扬的现代精神。只有当一个人理解并感受到我们时代的意义时，才能确定一个人的立场，掌握知识的过程中总是站在进步者的一边。只有在年轻的思想和年轻的心理解并感觉到我们的时代是英雄的时代，并且在我们眼前正在实现最宏伟的事业时，才有可能在课堂上实现思想上的教育。只有通过时代的棱镜，才能正确地看到和理解历史事件的含义。向年轻人传递现代精神是学校艰巨的任务之一。

第二个条件是教师思想与个性的和谐统一。如果没有教师的个性，就不能赋予事实思想意义，使实际知识转变为信念。思想存在于书籍中，存在于像铁一样热、像太阳一样明亮的那些篇章中。在学校中的共产主义意识形态的精神，取决于教师多长时间读一次这些书、以何种思想和意图读书、读书后采取哪些行动以及进行哪些鼓励的活动。向学生灵魂深处传达思想，单凭一个拥有丰富知识的教师是不够的。你必须思考知识，要思考从人类知识财富宝库中汲取的东西，然后传授给学生。我坚信，并不是每位深知本学科的教师都拥有思考知识的能力。思考知识意味着了解、预见并估计每种类型的人会在内心的各个角落，产生哪些答案，唤醒哪些问题和疑问。思考知识意味着把自己想象成年轻人，能够分享他们的观点。对于那些知道如何思考知识的教师来说，他们的学生获得了一种罕见的、无价的能力：感知教材，似乎能超脱于教材，从对材料的思考产生对自己的思考、对命运的思考。

教学的思想性是唤醒学生对知识的渴望的重要的刺激因素之一。学生越清楚地确立自己的思想立场，就越深信人类追求真理的不可磨灭性，想知道的就越多。在这样的学校里，书成了青少年、男孩和女孩形影不离的伙伴。阅读和对书的独立思考，反过来又是思想性的全部来源。思想和信念的本质是：一个人相信并重视通过自己的工作、思想、反思所获得的东西。如果你想将学生的知识变成一种热情的共产主义信念，就要像警惕火灾一样警惕死记硬背,"直接吞下"现成的真理,而不理解它们。请认真思考下面这段精彩的话:"信仰必须通过磨难获得,信念的生命力必须受到考验,必须与别人的信念切磋比较……一个人宁可死也不能放弃自己的信念。"深入理解知识应该与他人的信念的"较量"。自然和社会的知识不是不容反驳的事实,而应是斗争、观点冲突的结果。让这场斗争,这些冲突在课后也能继续:在读书的过程中。为你的学生选择合适的书籍,书中的真理不是现成的,是永恒燃烧的火焰,是颤抖的火炬,为真理而战并赢得这场斗争胜利的人点燃心头之火。

92 让青少年全身心地理解现代精神

现代精神中最重要的是：世界的命运决定着我们国家的共产主义建设。世界正在发生尖锐、不可调和的思想政治斗争。数以万计的资产阶级思想家正在对我们的国家进行污蔑，成千上万的广播电台每分钟都在散布着无数的谎言——他们旨在精神上腐蚀我们的年轻一代，使年轻人相信没有，也不会有任何值得为之奋斗的思想。资产阶级"自由"生活方式的鼓吹者暗中希望使我们的年轻人相信有思想的生活是一种幻想，即无论在资本主义，还是社会主义社会中，一个人的最高目标是物质享受，而不是某些"短暂的思想"。让苏联青年脱离共产主义思想是资产阶级宣传的主要目标。

我们必须以崇高的共产主义思想反抗他们。我们的青年男女必须了解并感受到，在我们国家中，在自己的周围，靠父母、兄弟姐妹的力量和自己的双手，世界上最伟大的正义正在实现，世界上正在建立一个全新的、最公正、最民主的社会——共产主义社会。正义感、伟大、共产主义之美是现代性精神的标杆，年轻人的思想、希望和抱负应围绕着它进行发展。如上所述，如果没有积极参与共产主义劳动，就不能唤醒这种感觉。但这只是教育工作的一个方面。只有通过劳动和思想的融合，使学生经历了思想斗争，自觉地理解了这场斗争并确定自己的位置时，才可以向年轻人的心灵传达现代精神，在年轻人的灵魂中树立共产主义信念。

我们努力确保在高年级（九到十年级）进行的政治宣传中讲述思想斗

争中生动、令人兴奋的故事。所有高中生每周聚会一次。学校主任简要介绍了国内外的形势。在资产阶级思想家对我们的评价以及我们的社会主义现实如何揭穿他们的谎言中，政治报道占有很大一部分。资产阶级思想家的一些言论使年轻人发笑，因为它们是如此拙劣。伴随着每次新的对话，青年男女都越来越相信真理站在共产主义思想的这一边。

我们的时代，是人类精神伟大和美好的时代。我们的观念与人类生活、命运和行动息息相关。我每周召集我的高中生进行一次谈话，向他们讲述那些简单、看似不起眼的事件。如果深入了解这些事件的含义，大家就会发自肺腑地感到震惊，唤起我们的自豪感，这些同胞和同龄人在日常生活中看似平平无奇，但确实是年轻人的启明星。

我的故事之一是关于一名俄罗斯女性皮斯基娅·费多罗芙娜·斯捷潘诺娃。她抚养了九个儿子，九个人全部在为争取伟大的自由与独立的战斗中丧生。没有人不为母亲的话动容："战士们都回到所有母亲那里，我逢人便问：我的儿子在哪里……白天晚上，每时每刻我都在等待他们。"我重复这位母亲的话，努力向学生展示一个体现整个人类的美丽、伟大而又智慧的女人形象。我努力将这一令人震惊的事实和悲惨的声音传达到年轻人的心里，使"母亲"这个词成为牺牲在战场上的战士的安魂曲，使我的每个学生都在心中这样问自己：谁来为母亲神圣的泪水负责？这样一来，让每个人在生活的初期都被高贵的公民情感所激励，每个人都更加憎恨祖国的敌人。

我还讲述了两名勇敢的拖拉机司机，他们以生命为代价，从大火中拯救了数千公顷的国有农用小麦。讲述这个故事的教育目的是：通过熊熊燃烧的大火，每个少年、每个年轻人都可以看到自己心中最隐秘的角落。我说："孩子们，你们知道，在我们的社会中最宝贵的就是人。但是，如果一个人全心全意地，为了一件事情放弃自己的生命，那么就意味着我们每个人的生活都存在着一样连生命都无法比拟的东西，那就是我们神圣的、不可侵犯的祖国。"

每天、每周，就像以上两个英雄一样，我们的英雄时代都会在崭新的历史长河中书写新的篇章。我的朋友，要学会如何向年轻人展示这本书。要阅读这本书，读透这本火热的书中的每一页。

93 使美德对学生有吸引力

如果17岁的孩子总被光鲜的事物吸引，那么请让我们的道德和道德最高原则也变得光彩夺目。一些教师认为：我们的道德原则本身是如此美丽，以至于它们不需要任何特殊的表达方式，也不需要"装饰"。事实并非如此，原则越高尚，揭示该原则的活动就应该越生动、越具有表现力。要诚实、正直，对敌人不宽容、不妥协——如果我们不停地重复这些话，它们会变成学生最讨厌的说教，学生会将这些话视为非常有用、但同时又令人讨厌的鱼油。诚实、正直、对欺骗的不容忍应成为一种令人兴奋、吸引人的、有诱惑力的活动（这里指的是，行动和美德的协调统一是实践教学法的主要问题之一）。我们努力实现了年轻人在独自做作业时不作弊、不偷看教科书：因为这会让他们自己感到耻辱。如果我们无休止地重复：独自做作业是件好事；抄袭、窃取别人的劳动是坏事，那么我们的美好教导就会变成令人作呕的说教。我们鼓励学生进行能揭示美德之美和吸引力的活动。从小开始，每年暑假期间，我们的学童都要在名为"蓝天下"的学校里住几天。这就是我们所说的稻草小屋或用树枝做成的小屋，在炎热的夏天安排学生野营。在这里不仅要自己照顾自己，而且还要为自己提供必需的食物。在去"蓝天下"野营之前，孩子们将食物送到储藏室中（一切都需要有神秘浪漫主义色彩），将它们放在纸袋和金属罐中。这里没有人登记，每个人将食物汇总到储藏室时，旁边没有任何人。从未发生过欺骗的现象，令人难以置信。这里的孩子们自己通过劳动、付出，为集体创造了欢乐。如果有人想欺骗集体，那么每个人都会将其视为在窃取集体的欢乐。

在童年和青春期的岁月里，孩子们有自己的物质财富——集体图书馆。升班时，图书馆便移交给了低年级的学生们。在某些情况下，图书馆也可以捐赠给一位低年级的学生。这项活动使男孩和女孩兴奋不已，终生难忘。

我们的男孩和女孩努力为无法劳动和独自生活的人们带来欢乐。每年春天，高中生都会为孤独的老人开辟几个新花园。这项劳动被浪漫的美德气氛所包围。这些天，年轻人正在经历一种思想：我们都将成为老年人，年轻一代也将照顾我们所有人。在青少年和青年岁月中必须经历这种思想！这种想法使年轻人高尚，使他成为一个真正的男人。

这种想法使女孩为成为一名母亲做准备。这种关照老人的浪漫主义的、有吸引力的劳动，是最必要、最崇高的活动。亲爱的朋友，要抓住每一次机会，触动孩子灵魂深处对老年的担忧。关心老年人是一份最令人感动的爱。对老年人的漠不关心严重地损害了社会，让人们的心变得冷漠坚硬。

94 教师的权威是什么，及其具体表现形式

这是教育中最微妙、同时也是鲜为研究的问题之一，是人对人的权威问题，是长者对年轻人的权威问题。在教师可支配的教育手段中，对孩子的权威是最必要、最普遍、包罗万象的，同时也是最敏锐、最不安全的手段。这是一种手术刀，可以完成细致的、难以察觉的手术，但也带来了切开伤口的疼痛。这把手术刀不安全，同时又是必不可少的。这是一个测试教师意志和耐力的工具，需要教师的勇气和智慧，但同时又可能伤及学生的灵魂。这一切都取决于教师如何使用该工具以及以哪种内在动机去对待一个人。随着时间的推移，我越来越相信，对孩子的权威是教师非常困难的考验之一，成了教师教学水平的标准和指标。当你们走进学校的门槛，决定将自己的一生奉献给塑造人类的崇高使命中时，请记住，我的朋友，你可能会陷入反复无常、情绪矛盾的危险中。热烈的情感和沉着的理智要像洪流一般融为一体，不能做出仓促、不周全的决定。这是卓越的教育学永不干涸的源泉之一。源泉枯竭了，所有关于教学法的书本知识都会化为尘土。

当一个人对另一个人无限信任时，他在某种程度上变得毫无防备。我在整个教学生涯中，一直在思考这个真理。一个孩子对一个好教师的信任是无限的。

当一个孩子进入学校的门槛成为你们的学生时，他会无限地相信你，认为你说的每个字都是圣洁的真理，你是孩子智慧、理性和道德的最高典

范。请珍惜这份信任，因为这意味着孩子卸下防御能力——让这种教学智慧成为教师自我教育的标准。如果教师因自身的局限性，试图将孩子的无防御能力变成禁锢小鸟的笼子，并按照自己的意愿去捉弄他，那这就是教学素养的缺失、教学的愚昧。缺乏对孩子无防御能力的了解是教师丧失权威的主要原因之一，毕竟，没有人能像小鸟一样被关在笼子里。

只有明白、用心感受到孩子对你的无限信任和与之相关的无防御能力时，你才有资格成为他的教师、教育者，并以此为基础建立对孩子的权威。在这里，您必须思考、用心聆听并理解无限信任是什么。也许孩子盲目地信任你，故意放弃了自己个性的一切。也许他只是为了放弃个人自由、享乐？

不，根本不是这样。儿童的信任，无论它有多么无限，都是一种对精神财富、对个人生活多样性的追求，追求丰富的印象、思想、审美乐趣以及与人之间的交流。这个孩子希望一个有生活经验的、年长聪明的人关心他的利益。将关心他当成关心无价的财富来对待。只要他有这样的希望，通往孩子心灵的路就向你们敞开了。孩子想成为好人的愿望也源自对教师的信任。请珍惜孩子想成为你朋友的渴望。

孩子无限地信任教师，他会在内心感到，无论遇到多大困难，他的大朋友都会为他找到解决办法。

珍惜孩子的无限信任，教师应该是一个智慧的，富有爱心的孩子保护者，这样才能始终保持他与孩子之间亲切、仁爱的人类和谐关系。教师对学生的权威应该是有智慧的，牢牢记住孩子和你是同一个人。保护孩子的信任，因为这是孩子对教师的爱，这也是教师对孩子展示的智慧的权威的重点。在此信任的基础上，孩子渴望获得教育者的保护。应将这种儿童的愿望视为无价之宝。只要孩子满怀希望地望着你并相信你，你就是一位真正的教育家、指导者，你是生活的教师，你是权威，是生活智慧的生动体现，同时你还是学生的良师益友。请记住，这些非常脆弱，很容易被破坏。如果你破坏了它们，那么你作为教师的阶段就结束了。你将只是一名监督者，但不是教师。

95 如何珍惜儿童的信任

在这个非常微妙的培养领域中,最重要的事情是对孩子的内心深处和童年生活的深刻理解。

童年、儿童世界是一个特殊的世界。孩子们以自己善与恶,好与坏的观念生活,有自己衡量的标准,甚至有自己的时间维度:在儿童时代,一天好像是一年,一年似乎是永恒。为了进入这个神话般的宫殿——童年,您必须在某种程度上成为一个孩子。只有在这种情况下,您才能获得对一个人——一个孩子的智慧的权威。

我的朋友,不要以为我把童年的世界理想化了。我完全体会到,儿童时代是我们成年人对孩子们的影响所创造的。但是正因为孩子是一个年轻的新芽,会长成一棵参天大树,所以童年就需要特别的尊重。首先,教师智慧的权威是可以理解一切的能力。这里没有任何限制。请记住,人之初,性本善。如果教师把所有原因归结于孩子身上,认为他故意做出不良行为,那么这就是教学上的无知。"斩草除根"的同时,教师也会掐断所有的根源,童年的活芽也枯萎了。故意的邪恶、懒惰、过失,如果教师指责学生并不存在的现象,孩子就在经历极大的不公正,这使他与教师渐行渐远,逐渐对教师失去了信心。破坏了孩子对你的信赖,你就将孩子逼到了这样一个处境——他开始以固执、故意地违反纪律,渴望做与你的要求相反的事情来保护自己。请记住,如果学生在童年时期对教师的信任破裂,就会出现这样的问题。

要用非凡的教学智慧来对待孩子多种多样轻率的幼稚行为:无意的、

一时糊涂的、无知的，有时甚至是错误的行为。在这种情况下，请不要公开谴责该儿童的行为。只有你知道他的行为。你具有理解一切并了解一切的强大智慧权威。你必须理解为什么一个一年级学生将彩色铅笔从同学的好看的笔袋里拿出来，自己玩了一阵后，就直接将笔放进了自己的口袋里。不要报警——这不是盗窃。你应该理解为什么孩子们在上课铃响起后不想回到教室，而是想在绿色的草坪上"多待一点，再多玩一会"；为什么费佳不认真听题目，而是屏住呼吸看着飞进教室的蜜蜂；为什么奥克桑卡不阅读所有人都读的书，而是在吸墨纸上画一朵花；为什么在游览森林的过程中，米科尔卡、皮利普柯和彼特里克这三名躁动不安的学生总是故意拖在班级在后面，躲在灌木丛中……

为什么，为什么，为什么……我们的教学生涯中会有数百个"为什么"和数百个矛盾。师生之间的冲突是教学无知的极端表现之一。这种现象的发生，是由于教育者缺乏父亲所拥有的慷慨、母亲所拥有的智慧、强大的教学能力，无法理解儿童的行为、儿童的思想和世界。不能将儿童与成年人进行比较，没有可以衡量成年人和儿童的单一标准。

我记得小德米特里克。那是小学三年级……想象一下，我们正在上一堂语法课。你在黑板上解释规则，每个人都在听讲，写下例句。德米特里似乎也在写东西，但你却为这个男孩担心。他的眼睛向别的地方转动，他现在正在注意课桌后面的东西，听不进去语法课。你静静地走到男孩那里，看到：在他面前的是一个半开的火柴盒，里面有个东西在动。德米特里克全神贯注，他的目光和思想都聚焦在盒子里。你在那儿仔细观察，发现盒子里有只角长得像锯子一样的甲虫——它正在锯这个无法锯开的"监狱"的门。

这时候你当然可以生气，可以让男孩流泪和后悔，而你自己也气得浑身颤抖，但是那又有什么用呢？唯一的结果就是在浪费时间，甲虫将成为全班的娱乐对象，孩子们会羡慕德米特里克并嘲笑你的发怒。

在这个时刻，你应该自己平静地想想：孩子，你的心里怎么想的呢？你为什么不能把甲虫放到一边，先来理解语法规则呢？你可以拿起盒子，合上，然后放在口袋里，用手抚摸着德米特里克的脑袋，再次解释语法规则。于是，男孩重新写笔记，这时你知道，他明白了。也有这样的孩子：他可以一只眼睛看着甲虫，另一只眼睛看着黑板，还能记住一些教师讲的内容。

上完课后，德米特里克来到你的桌子旁，沉默了，低下头。长长的睫毛下黑色的眼睛在闪闪发光。但是他无法掩饰眼睛中仍然存在的淘气眼神。你把德米特里克的甲虫还给了他，让他告诉你：他是在哪里找到如此神奇的生物的，他是如何设法让甲虫"锯开"牢门的，接下来他准备如何处理甲虫？德米特里克很开心地讲述，将你拉到灌木丛中，据他说，这样的甲虫每三年才会出现并飞翔一次。

在这样的故事中，有的教师听到这里就会对儿童和善，但这是从教学智慧的高峰的堕落，屈从于儿童利益的世界。不能容忍孩子们的这种放纵。真正的成长不是教师从高处降落，而是攀登微妙的童年真理之巅。上升，而不是下降。不要对孩子过分迁就，不要适应孩子利益的"局限性"（如果我们自己不限制孩子的利益，就没有这种局限性），而是要成为有智慧、聪明的导师。

一个人对另一个人，尤其是一个成年人对儿童的智慧的权威，是一种伟大的创造力，深刻渗透到儿童的思想和情感世界中，这是一种理解儿童的语言、保持童年的孩子气，同时又不能把自己视为儿童的能力。当我看到教师，他是一个成年人，也是一个家庭的父亲，将一个五年级的男孩带到办公室并审问："为什么你在课堂上一直笑着呢？需要多长时间才能改掉这个毛病？一个少先队员有权利做出这种表现吗？"在我看来，教师突然加入了儿童游戏，但他不知道这是一种游戏。这个男孩沉默了。他什么也没说。通常，如果一个五年级学生面对突然的问题以相同态度回答教师，那才是令人惊讶的。学生通常不知道他为什么笑，但是教师不应该不知道这一点。他应该知道孩子所有举动的原因。结果是相互的误解：教育者不了解孩子，孩子不了解教育者；有时看着他们，你会想，难道他们用的不是一种语言吗？

　　请记住，一个孩子，甚至是一个十几岁的少年，都想在某件事上"展示自己"，维护自己的意志、思想、才智。在教师的帮助下，学生认识世界并逐渐长大成人。在这种艰难的成长过程中，教师使用权威时必须格外小心谨慎：长者的意志很容易变成专横，有时甚至是对一个人的压迫。不是压抑和摧毁，而是要扶植和支持，不要使孩子失去个性，要树立自尊心——这是对孩子行使权威的唯一途径，只有在这种情况下，权力才是富有智慧的。如果孩子做了"错"的事情，就不要用"强制的""非自愿"的方式影响他。不要从你的办公室中传来拍桌子的声音和喊叫声。不要让你原本活泼好动的学生变得垂头丧气、悲伤、呆滞、弓着腰、不开心——这是一件糟糕的事情。要像保护人类的最高荣誉一样，保护儿童的个人荣誉、自豪感不受侵犯；记住，一个调皮的人，对一切都有自己的想法，对一切都有自己的见解，这是你作为教育者的幸福；一个意志薄弱的学生，像一个影子，他的思想被你"坚强"的手段击倒了，从而无条件地服从你，这就是你的不幸。要知道在紧要的时刻，一个顽皮和淘气的孩子可能会表现为一个善良、好心的人，而一个意志薄弱的学生通常会变得无动于衷、麻木不仁，而他自己往往不知道这一点，甚至会为了自己的幸福不顾亲人的痛苦。破坏孩子意志的"强制"和"非自愿"手段会使他们变得无情。

96 用书、智慧、信念来掌控孩子的灵魂

我有一个聪明但任性的学生，尤拉。正如细细的芦苇茎对微风轻拂敏感一样，他对真理和谎言、诚实和欺骗也非常敏感。

我把几本关于遥远的土地、自然现象的书籍带入思想室。尤拉看到一本明亮的、色彩丰富的书中关于大海深处的封面时，眼睛睁大了。他请求阅读这本书，当我递给他时，男孩兴奋地问："当我阅读完这本书时，您能给我更多的书吗？"

我回答："当然可以，哪怕你每天都读一本书也可以。"

可事实上，我说了大话：关于遥远的国家、关于海洋的深处、关于热带森林和北极的寂静、关于奇妙冒险的书，是不够他每天都读一本的。一天后，尤拉带回来了那本书，并要一本新书。不知不觉过了几个星期。但是，让尤拉感兴趣的书越来越少了。然后有一天，一个令人不安的想法使我变得不再平静：一周后会发生什么？毕竟，一个五年级的小学生尤拉甚至无法想象我的书本会全部被他读完。当他意识到我欺骗了他时会发生什么？不仅仅是我们的友谊会崩溃，我在小小的思想室里将再也看不到孩子信任的眼睛，而且也不会听到这样的问题："您还有很多书吗？"（隔壁的房间是我的图书馆，当时很小，我没允许尤拉翻阅，因为担心他会对我感到失望）。最重要的是，我将失去对这个任性的孩子的灵魂的掌控，我确信他拥有世界上不可复制的性格：喜欢与言行一致的人交往，甚至在细微琐事上也要言行一致。

于是，我从所在的遥远村庄出发，前往哈尔科夫、波尔塔瓦、基辅等

城市。我花了两个月的薪水，但快乐地回到了家。我吃力地拿着背包，又害怕被尤拉看到。

尤拉继续学习了三年后，到了七年级该毕业了（那时的学校七年制），那三年我每天都在想该把哪本有趣的书给他读。我觉得这个男孩不仅在思考他读过的书的内容，还对书的内容做出判断。他思虑缜密、要求严格，在那些年里他是我的审判长。他读过的书的含义越深，我们的谈话越有趣，他就越被我吸引，谈话时给我带来的乐趣就越大。

这三年对我来说是一个真正的挑战。

从那时起，每年我都会有几个这样的学生，像尤拉一样，他们思维敏锐、聪明好学。如果不是书，我难以影响他们的意志。在书中，儿童和青年的兴趣像小灯一样被点燃。我感到自己受到学生们的严格监督。如果我在书本世界的积极活动哪怕只停止了一天，那么我也将失去对学生的灵魂掌控。对于他们来说，我将变得多余，因为我什么也不能给他们。什么也做不了的教师，就会成为学生烦人的上司，学生对于这样的教师只能强忍，但不会尊重他。

亲爱的朋友，我想建议你们要掌控学生的大脑。没有比通过掌控学生的思想更有力的方法掌控他们的意志。但是，只有当您在书籍世界中拥有丰富、充实的生活时，才能主宰他们的思想。在巧妙方法的帮助下，最敏感、具有独特个性、独特、叛逆、顽固不化的学生也能成为小书虫。用书籍和智慧去征服他们吧。

97 如何计划教育工作

教育工作的计划没有固定的模板和现成的方法。任何分散教师教育工作精力的东西，任何为了展示的文字都是完全不必要的。但是，计划教育工作不属于此类情况，因为这是教育工作的组成部分。没有计划，我无法想象自己能完成完整的教育过程，尤其是那些复杂的组成部分。

首先，教育工作的计划是关于理想教育的想法。教育者必须想象交付给他的工作室的"大理石块"应该被雕刻成什么样的艺术品。这一点关系到教师对教育工作本质和计划必要性的理解。

你刚从一年级开始工作（有时你的教育工作是从学龄前儿童开始的）。虽然你的任务是教三年级以下的学生，但是你必须考虑教育工作的全过程，直到学生高中毕业，直到独立劳动的第一步，直到学生完全成熟为人父母为止。制定一个未来10~15年（不仅在校内，毕业前后）需要的活动计划，以使你的学生成为一个头脑清晰、好奇、心智高尚、心灵手巧的人。首先，列出世界文化宝库中的书籍清单，要求学生在十年内阅读完这些书籍。我们还应该列出一个"储备"书单，供学生毕业后在劳动时阅读。如何确保学生在毕业后仍然是我们的学生，并且在离开学校后依旧能够阅读必读的书呢？关于这一点，编写一整本书也说不完，因为这是一个很大、很重要的问题。

然后思考以下问题，并提炼成文字：学生从上学的第一天到进入成熟期应该用自己的双手，为父母和其他人做哪些事情？成为一个真正的人，要知道什么是劳动、荣誉、尊严、友谊、对别人的关怀。接下来，要列出学生为完成公民教育第一课需要的社区服务清单。在此之前，我建议列出关于杰出人物的书籍清单，这些人应该成为青少年的学习榜样。如果没有对社会有益的劳动，即使阅读全部的书也毫无用处。

此外，要有学校培养的理想学生形象的概念，应该为整个工作时期制定更具体、详细的计划。例如，小学教师应该制定三年的计划；九到十年级的班主任应该制定整个工作期间的计划。在这里我建议您特别注意童年和青春期。一个9~10岁的孩子和一个13~14岁的少年在回顾时，应该能看到自己亲手创造的成果。他们必须知道什么是劳动的茧子、劳动的报酬，什么是疲劳和休息，什么是困难。

一个学校的所有学年的一般计划，以及一位教师与学生一起工作的更具体的计划，这两个计划在某种程度上都应该是教师追求的理想。在理想的基础上，应该计划出一项短期的教育工作。这个计划可以根据实际情况，可以是一周的计划，也可以是一个月的计划，有些人对整个季度制定计划。您只需要始终记住，教育是一个活泼、流动、不断变化和发展的工作，你的学生始终处于成长的状态。在短时间内安排教育工作就像是每天进行不断的比较，是每天为实现理想而进行的比较。

教学计划主要取决于实际生活。当你的学生跨入校门时，您不知道他的个性将如何发展。个性始于活动，在劳动和日常关系中形成。生活会告诉你每个步骤的计划：班集体应该阅读什么书，让学生参与哪些劳动，与万尼亚和科利亚谈什么才能使他们开始阅读需要阅读的书。

教育计划包括学生的各种任务活动以及教师与父母的合作。如果计划对道德、各种活动的目的都有深刻的思考，那么该计划无疑将为教育者带来益处。在这方面，继承和发展已获得的成果是计划和实际工作的必要特点。可以说，教育的秘诀之一就是不断地做同样的事情，但是，不让学生感受到他们在做同一件事。比如，对人性、敏感性、同情心和真挚情感的教育时要求学生不断为他人做些事情，但是这种活动不应该是单调的。这里的读者可能会认为：如果作者能展示如何制定一个星期或一个月的具体计划，那就再好不过了。我特意避免这样做，因为经验的传授是思想的传授，经验的借用应该基于个人思想上的创造力。

98 如何与集体进行教育谈话

每一次教育谈话都有自身的目的。有时,所有学生的目标是相同的。有时进行对话是为了教育整个集体,同时也对单个学生产生特殊影响。

在考虑集体的精神生活、个别学生的思想、情感、行为的时候,在撰写教育谈话的内容时,永远不要忘记,语言在谈话中的重要作用,通过语言打动学生的理智和心灵。语言有可能是强大的、尖锐的、炽热的、虚弱的、微弱的、无力的,这全都取决于您谈话的一个极其重要的特点——崇高的精神。在培养学生信念、激发青少年自我教育的时候,鼓励是教育的最宝贵的部分。请记住,通过语言你不仅仅将话语所表达的意义传达出去,而且,形象地说,你也把自己心灵的一部分交了出去。

要使教育谈话起到鼓励的作用,首先,你要对自己的话语、对内心所坚持的东西深信不疑。当你去捍卫、为某件事奋斗时,才会有鼓舞力。例如,您注意到集体中出现了一些冷漠的现象。根纳季生病了,在家里躺了两天,结果没有人去看望他。每个人都自然而然地认为已经有人去看望他了。维克多的祖母生病住院了,医院并不远,但他两个星期只看望了祖母一次。这些事情使你感到震惊,有必要进行一场教育谈话。但是你不会直接谈论这些事情。教育和自我教育中有一条非常重要的准则——道德审判的力量(对自己行为的道德评判实际上是一种道德审判)取决于法官是谁——是教师,还是犯错的学生。如果学生只听候审判结果,那么教师谈话的教育作用就会大大降低。一个人应该自己审判自己,成为自己的法官。我认为谈话的教育技巧是,当一个学生犯错时,在没有教师提醒的情况下他能够自己思考和反省。

　　为此，教师需要遵守一条非常重要的教育谈话规则：有必要在生活中的人际关系中找到一个鲜明的实例，来体现教育理念。教师教育对话的力量在于，使思想直通维克多的灵魂和内心，通往住在根纳季家附近学生的内心。您的话语的鼓舞力量取决于谈话中实例是否鲜明典型：只有当你的话语源于美好崇高的思想时，内心的思想才能传达给学生。教师要通过讲述令人震惊的事实进行一场教育对话。以下是一种类型的例子。战后不久，在我们地区的一个村庄中，一名年轻的拖拉机司机受了重伤。他打了四年的仗，没有受过伤，但当他回家后，在一次驾驶拖拉机的过程中却被地雷炸伤了。年轻的拖拉机司机失去了信心，如果不是他的妻子：一位忠实的朋友、一个勇敢的女人、一位慈爱的母亲——那么这个男人可能不会再站起来。失去了双腿和左臂的男人学会了用假肢走路，再次驾驶拖拉机。在听到这个令人震惊的故事后，你会被主人公的勇气、坚定、悲痛、忠诚的精神深深吸引，这些美好的品质激发了感染力，从而将这种令人鼓舞的精神传递给学生。

　　教育意味着让一个人自我反思。在讲述到令人震惊的实例时，教师应该直接面朝着维克多和尼古拉、亚历山大和尤里，面对那些不知为何已经在心中种下冷漠无情的种子的学生。在你面前的不是在自然界不存在的、抽象的学生，而是具体的人，是维克多和尼古拉、亚历山大和尤里。你知道他们现在在想什么，你的话主要是说给他们听的。你要努力使学生像你一样，对人类的忠诚和奉献精神感到震惊，才能使青少年们从实例中思索其中蕴含的道理。只有当学生思索故事中的道理时，才能联想到自己。

　　但谈话中教师不能直接跟学生说：想想你的生活，想想你自己……联想应该包含在思维逻辑中。只有青少年联想到自己时，才能唤起他们心中的灵感，把你的灵感传递给他们。灵感是一个人在思考、创造的过程中力量和能力的提高。通过理智和内心去认识一个人，这是真正的创造行为。这种力量的提升和才能的发展的特点是思维清晰，思想、形象与志向的不断涌现。进行教育谈话的最终目的是要让学生对周围世界，并首先对自己产生想法。学生可能会把你讲述的实例忘记，但是永远不会忘记教育谈话中的情感（只要教师的谈话具有教育意义）。你启发学生的思想越崇高——通过人类的忠诚、同情、诚恳的思想去鼓励学生进行自我教育，那么学生就越能进行自我反省。当你和维克多的目光相遇的那一刻（不能直接盯着他，应该是偶然的相遇），在青少年的眼中，你会看到两种神情：渴望自我了解和困惑。这意味着你的谈话已经通往他的内心了。复杂的心理活动、理智与情感的活动开始了。让少年感到困惑，让他连续好几天都对你所说的故事印象深刻，让学生在你点亮的火光中，看到隐藏在自己内心角落的是什么。

谈话只是一个人们常常使用的名称。实际上，这并不是谈话，而是学生听到教师的话。但是，在任何情况下都没有必要对学生说：来说说自己对这位为自己的亲人奋斗了十年的女人的看法？但遗憾的是，有时个别教师还是会这么做。如果教师以这种方式结束谈话，那么这会破坏真正的教育效果。教育并不是对教师所读或所讲的内容的重述。教育技能主要在于使人想成为一个好人，为此，他必须了解并感觉到自己。

有时一个青少年（或年轻人）行为不端，教师基于这个事实进行了教育谈话。而在谈话中他表现出排斥的情绪。正如我所认识的一位教师所说："这是发挥实例的作用。"乍一看，这似乎很有吸引力，教师可以很好地"训斥"和"震撼"学生。但是想象一下，您的夹克很脏，沾满了灰尘，为了清洁，有人用一根棍子砸在你的背上。这样做有一定的好处，让外套上没有了灰尘，但是几乎没有人会同意这种"清洁"方法。最好还是将外套脱下来，把灰尘抖掉。教育不应该是一种惩罚，也不应变成一种惩罚。

教育应更接近于一种理想的艺术。

如果你认为教育谈话的作用仅仅是谴责不良行为，那就没有任何教育意义了。毕竟，您是在与集体交流，个人的不良行为不是整个集体的特点。这里，教育工作者常常会犯一个错误，忘记了在处理学生不良行为、缺点和毛病时需要非常谨慎，特别是与儿童、青少年打交道的教师，因为在这一时期一切都非常脆弱、微妙，不可能一蹴而就改善问题，不要期望用一句愤怒的话就能改掉学生的毛病。请记住，在集体中对待有缺点的人，要像对待贫困的人一样，如果你觉得通过召集集体对犯错的学生群起而攻之，就能达到教育的目的，那你就大错特错了。这不是集体的怨恨，而是对贫困者的集体同情。这是完全自然的结果。因此，不要试图立即清除发炎的伤口，那样会流血。教育是一种非常微妙的医学，它要完全治愈伤口，还不允许有任何的刺激。任何情况下，不能让学生带着流血的伤口结束教育谈话。这种做法会使集体震惊，但这不是你想看到的。

与集体进行教育谈话时，要使集体将道德恶习视为悲伤、痛苦（或更确切地说，需要这样考虑问题）。此外，努力加深对处于困境者的同情。要发展这种集体感，使每一名学生都渴望看到同学成为具有美好道德、摆脱恶习的人。

99 如何战胜懒惰

将这个问题放在倒数第二个并非偶然。为了避免学生的懒惰，您需要做到前面九十八条中讨论的一切事情。懒惰不容易改掉，预防懒惰很难。但把预防懒惰变为热爱劳动，要比改掉懒惰之后所产生的热爱劳动宝贵很多。所以年轻朋友，让我们先弄清楚，如何防止懒惰。为此，首先需要了解懒惰的根源。

懒惰是无所事事和消遣的产物。懒惰孩子的家长在小时候对他们有求必应，而孩子只会指挥家长和任性胡闹。在一切都很容易得到，不知道困难为何物的地方，就会产生懒惰。一个正常孩子转变为懒汉的最肥沃的土壤是无忧无虑、舒适的童年，在这种氛围下，孩子出生时就拥有童年将是永恒的观念。在这种情况下，父母通常会在某一天恍然大悟：这是怎么发生的，我们没有注意到，孩子已经长大了？昨天他害怕在夜幕降临时到院子里去，但是今天他就可以追求女孩们，一直玩到半夜。懒惰是无忧无虑的产物。这种现象具有深层的精神原因，其根源在于灵魂的不活跃。对所有事都漠不关心的人会变得懒惰。

懒惰通常伴随着缺乏自尊心：不在乎别人对他的看法。通常，懒惰的人总是浪费其他人创造的财富，但是，他们总是在消耗，形象地说，他们是寄生虫。懒惰的人是精神上的乞丐。懒惰的根源之一是精神空虚、兴趣贫乏。懒汉首先会让他人感到可怜，而彻底治愈懒惰的一种方法是让不幸变得懒惰的人能正视自己，看到自己的不幸，在心中感到这种不幸。不要忘记，这里我们讨论的是儿童的懒惰。防止懒惰的最重要条件是，不应有游手好闲和空闲的消遣。一个人的精神生活中不应有无所事事的时期。有的成年人专门为游手好闲创造条件，并将其称为儿童的暑假，这让人无法理解。休息只能是活跃的休息，代表活动性质的改变。应将儿童从闷热的城市中带到村庄，让他们在田野和草地之间进行力所能及的活动，锻炼自己的力量。

防止懒惰的有效方法是限制欲望。让一个人从小就可以从自己的经验中学到"不行""必须""可以"这些概念的实质。我们应该与父母一起确保孩子从小就能生活自理。

要让人从小就经历过困难，并学会用一定的体力和精神力量来克服困难。身体力量和意志力量的融合可以造就一个勤奋、活跃、意志坚强的人。

如果父母将孩子视为未来的成年人，把他想象成成年人，并让他思考如果在青年和成熟的岁月中还有这种懒惰、疏忽、畏惧困难的恶习，他将如何生活在世界上，那么懒惰就不会渗透到他的灵魂中。拥有成年人的忧虑是防止懒惰的有力手段。如果一个人在进入青春期之前没有体会过用自己的双手劳动创造物质生活，那么毫无疑问，它会严重地妨碍人们形成勤奋的习惯。懒惰不仅是身体上的懒惰，而且是思想上的懒惰。当直接接受别人的思想时，思想上的懒惰就会占据了人的灵魂，因为他不想付出任何努力就得到思想。就像不假思索地消耗别人创造的物质价值会让人产生懒惰一样，直接接受他人的思想也会产生思想的惰性。强迫一个人通过努力获得知识意味着可以防止思想的惰性。

防止懒惰的方法是拥有大量的精神需求。只有在这种情况下，一个人已经在童年时期，尤其是在青春期的岁月里，需要在心中形成对工作乐趣、书籍、与他人交流、创造力之类的需求：他会获得预防懒惰的免疫力。积极培养需求是个人最重要的精神价值观，是教育学理论和实践中非常有趣的问题之一。

有人问你，如果一个人已经变得游手好闲了，该怎么办？五年级学生斯捷帕的母亲到学校里，无可奈何地双手一摊说："我该怎么对待他？他一回家，就扔下书，吃了饭就出去玩，一直到晚上才回来。"

在这种情况下该怎么办？

不能放弃这个孩子。我们建议这位母亲："如果您已经培养了一个懒惰的孩子，那么请坚持改正他的毛病。让他坐下来学习两个小时。他会慢慢习惯，他自己将感到坚持学习的乐趣。不要大喊大叫，也不要惩罚。毕竟，你不是出于邪恶，而是善良的目的。完成学习后，让他身体锻炼两个小时。早上五点起床。告诉他：我正在为家人准备早餐，我正在劳动，你也要准备学习，这也是一种学习。所有这一切，没有喊叫，也没有时刻训斥儿子的懒惰。从他五点起床，学习到七点的那一天，他不再是懒惰的人。他的辛勤付出值得称赞。"

这种简单的措施百分之百可以对一个人进行再教育。再教育的唯一障碍只可能是父母的懒惰。

我并不是没有缘由地谈论家庭中懒惰者再教育的问题。懒惰是在家庭中产生和根除的。如果家庭没有辛勤的劳动氛围，学校将无法通过自己的努力取得积极的成果。在家长学校中，我们研究以下问题：懒惰来自何处？我们对行为、劳动、学习以及年龄之间的相互关系进行了心理和教学分析。防止懒惰是需要学校和家庭共同努力解决的最重要问题之一。

100 最后的建议：秘密……

我在本书中建议的所有内容都仅供教师参考，而不必让你们的学生了解。学生了解教育、懂得教育通常带来的不是好处，而是伤害。事实上，教学变得高效的条件之一就是在自然单纯的氛围中对学生产生影响。换句话说，学生无须在某个具体时刻知道教师正在教育他。友好、轻松的关系和氛围可以隐藏教育意图。

为什么学生不应该知道自己正在被教育？因为真正的教育是自我教育。有必要在教育者和学生之间建立这种交流，使针对年轻人的思想和内心的每个词语都能唤醒其内在的精神力量，引起学生的自主内在工作，旨在自我认识和自我完善。如果一个人时刻都感觉，并知道自己正在被教育，那么自我认识和自我完善的能力就会减弱。他会想：我应该成为怎样的人，我该怎么做，这些大人会为我考虑，我要做的是等待建议和指导。

出色的苏联教育家马卡连科不止一次地谈到，对于教师来说，不让学生看到他们正在接受某种特殊的教学程序是多么重要。潜移默化是教学艺术的重要因素之一。

我的年轻朋友，必须使教育孩子、对孩子的爱和尊重、对他们的要求以及与他们成为朋友——所有这些成为你们精神生活的精髓。